Todos necesitan r[...]
este libro veo la b[...]
Qué gran revelación sobre la cual trabajar en su vida
diariamente como cristiano nacido de nuevo. Léalo
y "rompa sus barreras".

DRA. MARILYN HICKEY
PRESIDENTA DE MARILYN HICKEY MINISTRIES

Hank Kunneman ha participado como invitado
en mi programa de televisión *It's Supernatural* [Es
sobrenatural]. Estoy asombrado por lo preciso que es
su don de profecía, el cual está bien documentado.

SID ROTH
PRESENTADOR DE *IT'S SUPERNATURAL*

¡Este libro es su boleto para ser liberado de la infinidad
de desafíos que usted enfrenta! Hank Kunneman
nos ayuda a encontrar el punto de avance por medio
de una guía práctica y edificante. Esta obra analiza
personas reales de la Biblia y nos da varias recetas
para una vida victoriosa. Hank Kunneman está
surgiendo como uno de los maestros proféticos más
intuitivos de la nación. ¡Lea este libro y florezca!

OBISPO HARRY R. JACKSON JR.
PASTOR PRINCIPAL DE LA IGLESIA HOPE CHRISTIAN
CHURCH EN WASHINGTON, D.C.
FUNDADOR Y PRESIDENTE DE LA COALICIÓN
HIGH IMPACT LEADERSHIP COALITION

En el mundo natural, las cosas a menudo se desque-
brajan, pero en el plano sobrenatural siempre hay
lugar para avanzar si creemos en Dios y persevera-
mos en nuestra fe. En este libro, mi buen amigo
Hank abre la Palabra de Dios y muestra el camino

hacia avances milagrosos que usted debe tener en todas las áreas necesarias de su vida.

RICHARD ROBERTS, B.A., M.A., D. MIN.
ORAL ROBERTS MINISTRIES

Estamos en un tiempo de perentoriedad. Las personas, iglesias y naciones necesitan avanzar. Las fuerzas de la oscuridad parecen llevar la ventaja. *¡Rompedores de barreras* es un recordatorio oportuno de que el Señor aún está en su trono!

El libro que tiene en sus manos es una incitación para lograr el avance que necesita, pero más que eso, para ser un agente de avance en muchas vidas y situaciones. *Rompedores de barreras* está cimentado en la Palabra de Dios y demuestra con muchas escrituras, el propósito eterno de Dios para que su pueblo viva en la libertad de su victoria. Lea, disfrute y sea un *rompedor de barreras*.

ALAN Y EILEEN VINCENT,
OUTPOURING MINISTRIES Y CITY REACHERS
FOR THE LOVE OF SAN ANTONIO

¡Hank Kunneman lo hizo de nuevo! Otro poderoso libro para rescatar y liberar su alma. No podrá dejar de leerlo. No solamente trae la unción para liberarlo y sanarlo, sino que también trae el poder para romper aquellas barreras que lo han encarcelado. Qué libro para un tiempo como este. Sumamente oportuno, gracias Hank.

MARK T. BARCLAY, REV., PH.D.

Si existe una palabra en la historia de la experiencia cristiana que emana gozo, emoción y entusiasmo entre los creyentes es la palabra "*avance*". Si existe algo que se desea en el caminar cristiano o en la vida de un guerrero de oración, pastor, maestro, profeta, apóstol, evangelista o persona común en la iglesia es ver la respuesta por la que se pelea, se desea o se espera. Realmente les recomiendo este libro a aquellos cuyos sueños han persistido durante un largo tiempo, cuyas oraciones parecen depender del resultado y cuyos corazones han esperado con dolor el día del cumplimiento de las promesas de Dios. ¡Alístese para su victoria! ¡Lea este libro con gozo!

Pastor Larry Gordon
Cornerstone World Outreach
Sioux City, Iowa

ROMPEDORES DE BARRERAS

ROMPEDORES DE BARRERAS

HANK KUNNEMAN

CASA
CREACIÓN
A STRANG COMPANY

La mayoría de los productos de Casa Creación están disponibles a un precio con descuento en cantidades de mayoreo para promociones de ventas, ofertas especiales, levantar fondos y atender necesidades educativas. Para más información, escriba a Casa Creación, 600 Rinehart Road, Lake Mary, Florida, 32746; o llame al teléfono (407) 333-7117 en Estados Unidos.

Rompedores de barreras por Hank Kunneman
Publicado por Casa Creación
Una compañía de Strang Communications
600 Rinehart Road
Lake Mary, Florida 32746
www.casacreacion.com

No se autoriza la reproducción de este libro ni de partes del mismo en forma alguna, ni tampoco que sea archivado en un sistema o transmitido de manera alguna ni por ningún medio – electrónico, mecánico, fotocopia, grabación u otro– sin permiso previo escrito de la casa editora, con excepción de lo previsto por las leyes de derechos de autor en los Estados Unidos de América.

A menos que se indique lo contrario, todas las citas de la Escritura están tomadas de la Santa Biblia Reina Valera Revisión 1960 © Sociedades Bíblicas Unidas, 1960. Usada con permiso.

Las citas de la Escritura marcadas (NVI) corresponden a la Santa Biblia Nueva Versión Internacional © Sociedad Bíblica Internacional, 1999. Usada con permiso.

Copyright © 2011 por Casa Creación
Todos los derechos reservados

Publicado originalmente en inglés con el título:
Barrier Breakers © 2011 por Hank Kunneman

Shippensburg, Pennsylvania, USA
Todos los derechos reservados

Traducido y editado por: Pica 6 y Salvador Eguiarte
Director de arte: Bill Johnson
Diseño de portada: Bill Johnson

Library of Congress Control Number: 2010939220
ISBN: 978-1-61638-080-9

Impreso en los Estados Unidos de América
11 12 13 14 15 * 5 4 3 2 1

DEDICATORIA

Este libro está dedicado a mis dos hijos, Matthew y Jonathan, ¡que son los futuros *rompedores de barreras*!

CONTENIDO

PRÓLOGO

HE ESCRITO MUCHOS prólogos para diferentes personas y siempre ha sido una bendición y un privilegio hacerlo. Esta vez es un honor que me llena de gozo, porque Hank Kunneman, además de ser mi mejor amigo y un gran profeta de Dios, es un hombre conocido por su integridad, rectitud moral y vida familiar transparente.

Considero que es grandemente usado por Dios en esta generación como uno de los profetas más precisos en su oficio. Puedo testificar de cada palabra profética que ha declarado sobre mi vida, ministerio y familia, y su cumplimiento. Su ministerio está tocando a gente en Estados Unidos y otras naciones alrededor del mundo.

Rompedores de barreras fue inspirado por Dios para traer una nueva revelación a muchos, especialmente aquellos creyentes pasivos que aún esperan que todo llegue a sus manos. En este libro, Hank Kunneman nos enseña cómo utilizar el mismo principio a través del cual Jesús destruyó la serpiente. Nos proporciona una instrucción clara de cómo desarrollar un espíritu guerrero y experimentar avances en nuestra vida. Además, nos da las claves necesarias para destruir las barreras financieras, emocionales y de otros tipos. Esta información es muy necesaria, especialmente en este tiempo en que el mundo está experimentando situaciones difíciles que afectan tanto a creyentes como a incrédulos.

Finalmente, el pastor Hank nos enseña cómo podemos llevar a cabo avances de manera exitosa al orar en el Espíritu. Hablar en lenguas es un don que se practica rara vez en la actualidad, pero Hank rompe esta barrera al mostrar la poderosa y fresca revelación de orar en el Espíritu como un arma para vencer al enemigo y sus obras de mal. Este libro revela la manera de destruir las fortalezas que detienen a las iglesias y a los creyentes de moverse en la plenitud de su llamado, y cómo provocar cambios poderosos y positivos en cada área. Puedo testificar fielmente de los avances que he experimentado personalmente después de conocer esta verdad del Reino. Este es un libro para pastores, líderes y creyentes de cualquier nivel.

Guillermo Maldonado
Pastor del Ministerio Internacional El Rey Jesús

INTRODUCCIÓN

DESPUÉS DE MUCHOS años de ministerio y de pastorear una iglesia, he encontrado varias cosas al trabajar con las personas y ministrar a sus vidas. Si he aprendido algo en específico es que parece haber una diferencia clave entre aquellos que tienen éxito en la vida o al lidiar con problemas, y aquellos que no lo tienen. Se trata de actitud. La gente que tiene éxito, simplemente no acepta un no como respuesta a los problemas y los obstáculos de la vida. Ellos seguirán trabajando en el problema presente hasta encontrar una respuesta. En otras palabras, ellos continúan hablándole al dolor en su cuerpo hasta que éste cede. Ellos permanecerán con Dios no importando el precio. Ellos trabajarán duro hasta ver el fruto de su trabajo. Ellos harán todo lo que sea necesario para obtener lo que Dios les prometió.

La actitud es una actitud de avance, pero al mirar más de cerca, me di cuenta de algo más. No es solamente una actitud por la que se trabaja duro para desarrollarla. ¡Es algo para lo cual todos los cristianos nacimos! Es como el ADN espiritual. De hecho recibimos una marca de Dios una vez que nos convertimos en creyentes nacidos de nuevo, la cual nos permite romper barreras.

He encontrado un sinfín de ejemplos de esta verdad poderosa a lo largo de la Biblia. Por supuesto, todo comenzó en el jardín del Edén. ¡El hombre cayó y la batalla fue ganada! Encontramos que el diablo buscaba detener a la raza humana creada a la imagen de Dios. El diablo pensó que había ganado la batalla final el día en que cayó el hombre. Dios declaró el último golpe en su contra al pronunciar un misterio profético de un libertador que aplastaría a la serpiente, el diablo, y redimiría al hombre caído. ¡Lo que siguió, cambió la historia y la eternidad para siempre! El cielo y la tierra colisionaron cuando Dios envió a su único Hijo para cumplir esta promesa y nacer en el mundo. Conocemos casi toda la historia, pero parte de la revelación más poderosa que afecta nuestra vida no es solamente el hecho de que Jesús vino, sino *la manera* en la que vino. Esto tuvo que ver con la línea familiar o la semilla de la que Jesús nacería. Jesús no nació de cualquier familia. Él nació de una línea de gente escogida por Dios, porque todos tenían una cualidad en común. Ellos llevaban un espíritu de avance. No eran derrotistas y tampoco aceptaban un no como respuesta.

Esta línea familiar, que incluía gente como Jacob, Fares, David, entre otros, fue capaz de llevar la herencia real de bendición que finalmente originó a Jesús. Podemos ver que ellos vencieron un contratiempo tras otro y todos los ataques inimaginables del diablo, quien hizo todo lo posible para destruir esta semilla real. Era la semilla que produciría al libertador prometido, el más grande rompedor de barreras. Incluso encontraremos cómo esta misma cualidad de avance existió en José y María. Dios los escogió porque sabía que protegerían la semilla del avance con su vida. Ellos no permitirían que cualquier cosa se robara su promesa.

Evidentemente, estos rompedores de barreras de la Biblia eran catalizadores que traerían al libertador prometido, Jesús, a la tierra. Por supuesto, el diablo pensó que había vencido a Jesús y que finalmente había terminado con esta línea de rompedores de barreras al crucificarlo. Con clavos en sus manos y pies, una espada encajada en su costado, golpes en su cabeza y el desgarramiento de su espalda por los latigazos, parecía que la promesa de Dios no podría cumplirse.

No obstante, con cada golpe del diablo, algo estaba siendo dado a luz. Si el diablo hubiera sabido lo que estaba a punto de suceder a través de la crucifixión de Jesús, él no hubiera crucificado esta semilla real. Lo que él no sabía era que este ADN espiritual, el cual existía en la línea de quienes trajeron a Jesús a la tierra, ¡ahora continuaría en todos los que nacieran en Cristo después de eso! ¡Qué golpe tan duro para el diablo! Jesús aplastó la cabeza de la serpiente y, cuando usted le entregó su vida a Cristo, le fue impartida la capacidad de aplastar serpientes. Usted es parte de esa misma línea real de rompedores de barreras que tiene la capacidad de traer la semilla de Cristo a la tierra. Usted es su poderoso testigo de la resurrección. La actitud necesaria para tener éxito, no es algo que usted debe intentar y crear con su propia fuerza de voluntad. ¡Es algo que está en usted por haber nacido de la semilla de rompedores de barreras! Está en su ADN espiritual. ¡Tal como Jesús, e incluso como la línea de rompedores de barreras antes de Él, usted puede vencer el temor, la enfermedad, el tormento y sí, un contratiempo tras otro! Usted puede tener esto no solamente en su vida, sino también reproducirlo de nuevo en la vida de otros al compartir el poder de Cristo con ellos. La línea de rompedores de barreras no terminó con Jesús, ¡ese fue solamente el comienzo! Ahora multitudes y generaciones de aquellos nacidos espiritualmente en su Reino se han levantado, ¡y llevamos su ADN para aplastar serpientes! Ha nacido una nueva generación de rompedores de barreras.

¡Espero que este libro lo ayude a levantarse y no tolerar más lo que parece resistirlo, obstaculizarlo, frustrarlo o ponerse en su camino! Que sea un punto decisivo que le enseñe cómo operar en lo que ya existe en su interior para que pueda aplastar al enemigo tal como Jesús aplastó la cabeza de la serpiente. Su fe será encendida y su espíritu avivado para obtener los resultados por los que ha estado orando. Descubra el proceso de cómo operar en el espíritu de avance de tal manera que pueda ver la cristalización de su victoria, así como Jesús y aquellos de la semilla real pudieron hacerlo. Una vez que comience, ¡usted empezará a caminar de avance en avance y se verá convertido en un verdadero *rompedor de barreras*!

Capítulo uno

EL APLASTADOR DE SERPIENTES

Y pondré enemistad entre ti y la mujer,
y entre tu semilla y la semilla suya;
ésta te herirá en la cabeza, y tú le
herirás en el calcañar (Génesis 3:15).

¡NO PODÍA CREER lo que estaba viendo! ¿De verdad vi lo que creía haber visto? Estaba cortando el césped de nuestra casa recién alquilada junto a una granja tranquila. Con el corazón a toda velocidad revisé los alrededores de mi jardín, repasando en mi mente lo que acababa de suceder. Estaba seguro de haber visto una serpiente deslizarse junto a mí mientras cortaba. Pasó de nuevo y efectivamente, ¡era una serpiente! Para mi desgracia, pronto me di cuenta de que no sería un suceso único, sino que más bien continuaría peleando con ello durante todo el tiempo que alquiláramos esa casa. El jardín de nuestra casa estaba casi infestado de serpientes, probablemente a causa del campo adyacente. Ellas se deslizaban al garaje, alrededor de los cimientos, a través del jardín e incluso en una ocasión, ¡se deslizaron por nuestra puerta principal!

Sinceramente, como la mayoría de las personas, les tengo pavor a las serpientes. Cada vez que cortaba el césped o iba a la parte trasera de la casa o al cobertizo, las veía. Debí haber tenido el césped peor cortado porque constantemente las buscaba mientras cortaba en línea recta. Por supuesto, mi esposa, Brenda, siempre decía que eran del tamaño de su dedo meñique, pero yo, por otro lado, no estaba de acuerdo. ¡Según recuerdo eran grandes y muy feas como para cambiar de casa una cuadra completa si se deslizaban por los cimientos! En cualquiera de los casos, ya sea con su historia o la mía, toleramos a estas serpientes durante los dos años que vivimos ahí, aunque les temíamos. Sin embargo, ya que eran tan comunes, no sentíamos que hubiera algo que pudiéramos hacer, y finalmente, de alguna manera nos acostumbramos a su presencia.

Comparto esta historia porque así es como muchos de nosotros toleramos a esa vieja serpiente; ¡usted sabe, al diablo! En lugar de resistirlo, atarlo y echarlo fuera, lo toleramos y tememos lidiar con él. Entonces, finalmente nos acostumbramos a él y algunas veces lo justificamos con excusas como: "Bueno, en realidad no es un demonio, ¡solamente es un desequilibrio emocional y probablemente lo tendré por el resto de mi vida!".

¡De lo que realmente debemos estar conscientes es de que necesitamos un avance contra el poder de esa serpiente! Sin embargo, así es como la mayoría de quienes necesitan un avance ven la vida. No quieren buscar una manera de superar el problema; aprenden a vivir con el problema. Sea un avance en las finanzas, el matrimonio, la salud, las relaciones, la ocupación, la familia o la vida misma, nosotros permitimos que situaciones como la de la serpiente en el jardín controlen nuestra vida y dicten nuestra manera de vivir. Yo brincaba por el jardín cortando el pasto en zigzag, en lugar de poder cortar con confianza una línea recta. Nos encontramos adaptándonos al problema en lugar de tener la determinación de deshacernos de él y persistir hasta obtener la victoria.

Sabe, nunca logré un avance sobre esas serpientes y viví quejándome y temiéndoles constantemente. Esas serpientes ni siquiera eran venenosas, pero eran serpientes de jarretera, viejas, feas e inofensivas. Esto muestra otra verdad de la manera en la que vemos la vida. Le damos poder a las cosas para controlar nuestros pensamientos y acciones, cuando en realidad no tienen poder sobre nosotros más que el que nosotros creemos. Aunque las serpientes de mi jardín eran inofensivas, en mi mente las convertí en monstruos. En lugar de encontrar una manera de enfrentarlas y lidiar con ellas hice todo lo posible por evitarlas. ¿Se da cuenta de que a menudo esta es nuestra manera de lidiar con el diablo y otros problemas?

No podemos limitarnos a aprender a vivir con el diablo y sus intromisiones en nuestra vida. La Biblia lo llama "*la serpiente antigua*" (Apocalipsis 12:9), y podemos ser engañados para creer que no existe nada que podamos hacer para lidiar con ella y vencer su poder. ¡No, en lugar de eso necesitamos desarrollar lo que llamo un *espíritu rompedor de barreras*! Usted dirá, ¿qué es eso? Un rompedor de barreras es una persona que mira los problemas, se niega a alejarse de ellos y encuentra la manera posible para tener la victoria sobre ellos.

El aplastador de serpientes

Como cristianos, necesitamos ser rompedores de barreras que viven creando sus propios avances espirituales. ¡Necesitamos ser aplastadores de serpientes! Después de todo, eso es lo que Dios dijo que haría con el diablo después de que el hombre pecó. Él enviaría a Jesús para aplastar la cabeza del diablo, ¡y lo único que éste haría, sería herir el calcañar de Jesús en el proceso! Dios no toleró la intromisión del diablo cuando este tentó a Adán y Eva. En lugar de eso, le declaró la guerra al enemigo e incluso profetizó que enviaría una semilla, el Mesías, para aplastar los planes del diablo y recuperar al hombre de las garras de Satanás. Mire Génesis 3:15: *Y pondré enemistad entre ti y la mujer, y entre tu semilla y la semilla suya; ésta te herirá en la cabeza, y tú le herirás en el calcañar.*

Esta es la parte que deseo que usted vea. El avance de Dios no sucedió en un momento milagroso. Aquí es donde muchos de nosotros perdemos nuestro avance. ¡Queremos algo que nos sorprenda en un momento, mientras nos relajamos en la hamaca tomándonos un refresco! Pensamos que las serpientes van a desaparecer milagrosamente por sí mismas, mientras calmadamente tenemos pensamientos felices.

¡No, la victoria de Dios para aplastar a la serpiente comenzó con tan sólo una pequeña semilla! ¡Sí, el poder de una semilla! Cuando Dios mencionó la semilla de la mujer, ¡el diablo no sabía que Dios estaba profetizando un misterio acerca de un futuro rompedor de barreras que vendría a traer un avance a su pueblo! Este rompedor de barreras sería el

Mesías, el Salvador del mundo. Esto revela cuánto nos ama Dios a usted y a mí. También muestra qué tan determinado está el Señor acerca de nuestra vida y el grado de intolerancia contra el diablo a causa de nosotros. Dios declaró la guerra después que el hombre pecó. ¡Él declaraba que un rompedor vendría y aplastaría la cabeza del diablo! ¡Me gusta cómo habla la Biblia acerca de la manera en la que Dios lidió con el diablo!

> *"Y Jehová Dios dijo a la serpiente: Por cuando esto hiciste, maldita serás entre todas las bestias y entre todos los animales del campo; sobre tu pecho andarás, y polvo comerás todos los días de tu vida. Y pondré enemistad entre ti y la mujer, y entre tu semilla y la semilla suya; ésta te herirá en la cabeza, y tú le herirás en el calcañar"* (Génesis 3:14–15).

Dios declaró que habría enemistad, guerra u hostilidad entre Dios y el diablo, y que la semilla de la mujer sería usada para destruir la semilla del diablo. En esta declaración profética, nos mostró un principio poderoso que también podemos utilizar para romper cualquier barrera en nuestra vida. Podemos ver por medio de esta profecía el principio poderoso de las semillas y cómo Dios las utilizó para aplastar a la serpiente. Su avance comienza hoy con una semilla.

Sin embargo, primero debemos darnos cuenta de que tal como Jesús fue quien aplastó a la serpiente, nosotros somos llamados a aplastar el poder del diablo. La Biblia nos dice que el Dios de paz aplastó a Satanás bajos sus pies. Romanos 16:20 dice:

Y el Dios de paz aplastará en breve a Satanás
bajo vuestros pies. La gracia de nuestro Señor
Jesucristo sea con vosotros.

Eso lo convierte a usted en un aplastador de serpientes. Usted no tiene que correr del diablo y evadirlo. A usted, a semejanza de Dios, se le ha dado el poder para vencerlo. No se basa en cómo se siente o en las dificultades y desafíos que esté enfrentando. Usted ha sido creado para ser un aplastador de serpientes por medio del Señor Jesucristo, y más tarde veremos cómo su semilla fue literalmente impartida en su ADN espiritual, ¡convirtiéndolo también en un aplastador de serpientes! La semilla de Cristo en usted le ha dado ese poder. Lucas 10:19 dice:

He aquí os doy potestad de hollar serpientes y
escorpiones, y sobre toda fuerza del enemigo, y
nada os dañará.

En esta vida, siempre habrá obstáculos en el camino de nuestro avance. Muchos en la actualidad en este mundo están enfrentando tiempos difíciles y necesitan un avance desesperadamente. Lo que sucede a menudo es que no muchos creyentes entienden cómo cultivar el avance que comienza con una semilla y crece para ser un milagro. Debe desarrollarse un espíritu de avance; no solamente debemos desearlo o esperarlo. Necesitamos pensar en el avance como crecer a partir de un embrión en el vientre de nuestra madre, hacia la infancia y a la madurez de la edad adulta. ¡Es un proceso y la semilla de Cristo ya ha sido puesta en su interior! Sin embargo, necesitamos tomar el lugar que nos pertenece y determinar ser un rompedor de barreras con esa semilla. Se requiere de esfuerzo y obediencia.

Algunos pensarán que es demasiado difícil, porque lamentablemente el avance se ha convertido en un cliché y ha perdido su propósito y significado real. A menudo, muchos de los que hablan de él, lo hacen por la emoción del momento en la iglesia y frecuentemente esperan un resultado rápido. El avance es un proceso, y a medida que usted avance por las páginas de este libro, recibirá el entendimiento necesario sobre cómo obtener un avance. Es importante comprender que en el proceso de avance, como en todos los aspectos de la vida y la creación, siempre es necesario que haya una semilla al principio. La semilla es el elemento de inicio que usted necesita para traer su bendición. ¡Se nos proporcionó esta semilla en la persona de Jesús! Él aplastó y venció al enemigo por nosotros, y puso su semilla en nuestro interior.

EL MISTERIO DEL ROMPEDOR DE BARRERAS

Existe un misterio poderoso en la Biblia que habla acerca de las semillas. Podemos ver esta verdad incluso en el pasaje inicial en el que aprendimos sobre la semilla del Mesías en Jesucristo. Dentro del misterio de la semilla está el poder para ser un rompedor de barreras y lograr un avance. Nuestra semilla es la semilla incorruptible de Cristo. Sin embargo, el diablo intenta sembrar otras semillas de "maleza". Solamente debemos decidir qué semilla queremos cultivar, la semilla de Cristo en nosotros o las semillas intrusas del diablo. Las semillas se cultivan por medio de elecciones, acciones y pensamientos. En el cristianismo, a menudo concebimos a la semilla como nuestros donativos financieros o nuestras ofrendas, ya que se ha predicado abundantemente acerca de ese tipo de semilla. Es verdad, las dádivas financieras pueden actuar como semillas que crecerán hasta convertirse en una cosecha. Sin embargo, el misterio de la semilla en las Escrituras es la semilla que comienza en su corazón y que usted cultiva a lo largo del tiempo en su vida.

Primero, veamos al misterio que rodea la semilla de Jesucristo que encontramos en la Biblia. Nos dará un enfoque básico de cómo funcionan las semillas espirituales.

Una semilla se levantaría para aplastar la cabeza del diablo. Sabemos que esta semilla era el Mesías y cada cristiano que naciera de Él o naciera de nuevo por Él (Génesis 3:15). Las semillas espirituales tienen poder para vencer los poderes de las tinieblas.

Esta semilla de Cristo tenía que morir.

> *De cierto, de cierto os digo, que si el grano de*
> *trigo no cae en la tierra y muere, queda solo;*
> *pero si muere, lleva mucho fruto* (Juan 12:24).

El grano de trigo que era Cristo hablaba de lo que fue su vida. Su vida fue la semilla de Génesis 3:15 que moriría por toda la humanidad. Cuando murió como la semilla en la cruz, Él reproduciría más semillas por medio de su resurrección. ¡Esas semillas somos usted y yo! Imagínelo como una espiga. Usted planta un grano en la tierra y esencialmente ese grano en su estado actual muere. Sin embargo, después resucita a una nueva identidad y reproduce muchos granos de maíz nuevos, o muchas semillas nuevas. Las semillas mueren, resucitan y después producen cosecha.

Cristo fue la semilla misteriosa que engañó al diablo, como lo dice 1 Corintios 2:7–8:

*Mas hablamos sabiduría de Dios en misterio,
la sabiduría oculta, la cual dios predestinó
antes de los siglos para nuestra gloria, la que
ninguno de los príncipes de este siglo conoció;
porque si la hubieran conocido, nunca habrían
crucificado al Señor de gloria.*

Este versículo nos dice que si el diablo hubiera sabido este misterio, ¡él y sus demonios nunca hubieran crucificado al Señor de gloria! El diablo sabía que había sido profetizado un aplastador de serpientes, pero no tenía idea de que vendría en forma de una semilla incorruptible. ¡Usted no puede matar a una semilla incorruptible porque lleva en ella el poder para resucitar y reproducirse! Satanás no pudo entender que al asesinar a Jesús, la semilla incorruptible de Cristo iba a reproducir muchos Hijos para la gloria quienes llevarían esa misma semilla incorruptible. Él pensó que Jesús era como todos los demás, de semilla humana corruptible, sujeto al poder de la muerte. El diablo y todas las huestes del infierno no comprendieron por completo el misterio de Cristo al haber nacido de una semilla incorruptible. ¡Las semillas pueden producir una cosecha incluso cuando parece que nada sucede!

Muchos cristianos no logran comprender el poder de una semilla para la victoria y la bendición. A menudo no pueden ver más allá de los problemas de hoy porque no se dan cuenta de que el poder de la semilla incorruptible en ellos puede producir un avance. Esto nos da un poco de más luz sobre por qué Jesús pudo ver más allá del dolor de la cruz. Hebreos 12:2 dice:

"[...] puestos los ojos en Jesús, el autor y consumador de la fe, el cual por el gozo puesto delante de él sufrió la cruz, menospreciando el oprobio, y se sentó a la diestra del trono de Dios".

Jesús sabía lo que sucede cuando la semilla muere en la tierra. Ya que Él nació de una virgen, no llevaba la semilla de corrupción y muerte que fue pasada a todo hombre a través del pecado de Adán (Romanos 5:18). Él nació de una semilla que no puede ser retenida por la muerte. Por lo tanto, Él sabía que le era vital morir en la cruz, porque si no había una semilla plantada a través de su muerte, no vendría el avance de la resurrección y como resultado no se reproduciría en otras semillas. Es por ello que Él vio más allá del dolor de la cruz. Él sabía que la semilla que estaba a punto de plantar de su propia vida destruiría al enemigo, y que esa misma semilla incorruptible sería ahora transmitida a toda persona que confiara en el Nombre de Jesucristo.

¡Solo me puedo imaginar lo que pensó el diablo cuando Jesús salió del sepulcro y todas las fuerzas demoníacas se dieron cuenta de que no solamente *no* habían podido asesinar a la semilla de Cristo, sino que habían posibilitado a muchos otros a nacer de ese mismo poder incorruptible! El diablo no contaba con el hecho de que Jesús era una semilla que produciría a muchos más como Él, quienes tendrían el poder de aplastar a la serpiente.

Vea Juan 12:24: *"Pero si muere, lleva mucho fruto".* Esto es porque todo se reproduce según su especie o de la manera en la que fue creado (Génesis 1:11–12). Si Cristo es una semilla, entonces ¿qué produjo cuando fue "plantado" o murió?

La respuesta es: a usted y a mí, ¡nosotros llevamos su ADN aplastador de serpientes! Mire también Romanos 6:5 que dice: *"Porque si fuimos plantados juntamente con él en la semejanza de su muerte, así también seremos en la de su resurrección"*. Otro versículo, 1 Juan 4:17 revela esta misma verdad de quiénes somos, cristianos caminando de la manera que Él caminó en la tierra. Dice:

> *En esto se ha perfeccionado el amor en noso-*
> *tros, para que tengamos confianza en el día*
> *juicio; pues como él es, así nosotros somos en*
> *este mundo.*

Revise de nuevo el proceso en las Escrituras:

- Dios promete una semilla que vendrá y aplastará al diablo, y redimirá al hombre (Génesis 3:15).

- Esta semilla debe morir para poder producir más semillas (los cristianos) (Juan 12:24).

Estamos plantados con Cristo en su muerte y resurrección (Romanos 6:5).

Si el diablo hubiera conocido el misterio en Cristo, no hubiera crucificado al Señor (1 Corintios 2:7–8).

Toda semilla produce según su especie (Génesis 1:11–12).

De manera que el resultado fue otros seres como Él en la tierra caminando en el mismo poder que Él (1 Juan 2:17).

Una de las revelaciones más increíbles que podemos tener, es entender el misterio de Cristo, la semilla rompedora de barreras. ¡Porque en ese momento es cuando comprendemos cuánto nos parecemos a Cristo! ¡Para el diablo en la tierra, nos parecemos a Jesús! Tenemos su autoridad y su poder para destruir los poderes de las tinieblas. Piense en lo que Jesús dijo en Juan 14:12 al afirmar: *"De cierto, de cierto os digo: El que en mí cree, las obras que yo hago, él las hará también; y aun mayores hará, porque yo voy al Padre"*. ¡El poder en el que caminó Jesús vive y opera en usted! Así como las semillas de tomate producen más tomates, ¡Jesús al morir como semilla produce más semillas como Él! Esta es la razón por la que Jesús se refirió a sí mismo como la vid y a nosotros como los pámpanos, ¡infiriendo que somos de la misma semilla que se ha convertido en una sola planta!

¡Sé que al enemigo le pesa el día en que crucificó a Jesús!

Somos hechos a la imagen de Jesús y también tenemos un espíritu de avance para aplastar serpientes. ¡De hecho, nacimos natural y espiritualmente de una semilla ganadora! Piénselo: cuando millones de espermatozoides de su padre entraron en su madre, estas células corrieron hacia el óvulo en su interior. Sin embargo, solamente un espermatozoide pudo entrar en el óvulo y concebirlo. ¡El que entró fue el ganador! Ganó sobre millones más. Incluso el proceso de la concepción lo coloca a usted como un ganador. ¡Usted nació de una semilla ganadora! No existen perdedores innatos. Ya sea que usted haya nacido naturalmente o de nuevo espiritualmente a través de Jesús, todos nacimos para ganar a través de una semilla.

Su concepción y su mismo comienzo lo han colocado en una posición de avance. Lo mismo sucede cuando usted nace de nuevo. Usted nació de nuevo de una semilla ganadora y es de la semilla rompedora de barreras de Jesucristo.

GUERRA POR LA SEMILLA DE AVANCE

Es a causa del misterio que estaba en la semilla de Cristo y lo que su muerte y resurrección produjeron que el diablo tiembla. Él continúa intentando por cualquier medio posible interferir y detener al Señor y a su Iglesia. Por el misterio en Cristo produjo más como Él, llamados cristianos, caminando en el mismo poder. Esta es la razón por la que siempre ha existido una guerra por la semilla del hombre. El diablo le teme al poder de lo que esa semilla puede producir. Le teme tanto, que de hecho es por eso que la Escritura dice que el diablo viene inmediatamente a robar la semilla sembrada. Las Escrituras dicen que esta semilla es la Palabra de Dios, la cual también es Cristo. Cuando Cristo es sembrado en su corazón al creer en Él, Él produce vida. De la misma manera, ya que Cristo y su Palabra son uno mismo (Juan 1:1), cuando usted escucha sus Palabras y son sembradas en su corazón, producen vida. Mire Marcos 4:15:

> *Y éstos son los de junto al camino: en quienes se siembra la palabra, pero después que la oyen, en seguida viene Satanás, y quita la palabra que se sembró en sus corazones.*

El diablo no quiere que esas semillas de la Palabra de Dios crezcan en su corazón, así que intenta sacarlas tan pronto usted las escucha. Él trae otras interferencias, distracciones e ideas contrarias. Es también por esto que el diablo promueve y es la raíz del aborto. Es porque quiere destruir la semilla del hombre. Si usted alguna vez ha visto un feto abortado, es horrible, deplorable y no es difícil darse cuenta de que esta es una obra de la oscuridad y no del corazón amoroso de nuestro Padre Celestial. El aborto es asesinato y el diablo está detrás de él porque es un destructor de semillas.

Jesús nos dijo en las Escrituras que Satanás es un asesino y el padre de mentira (Juan 8:44). Es por ello que Satanás está detrás de la semilla incorruptible de Dios que trabaja en el corazón del hombre. Él intenta asesinarlo a través del engaño y las mentiras. Podemos verlo más a profundidad en Apocalipsis 12:17, que dice:

> *Entonces el dragón se llenó de ira contra la mujer; y se fue a hacer guerra contra el resto de la descendencia de ella, los que guardan los mandamientos de Dios y tienen el testimonio de Jesucristo.*

A partir del día en que Dios le declaró guerra al diablo en Génesis 3:15, Satanás ha intentado contraatacar. Él buscaba destruir al rompedor de barreras que vendría antes de que su cabeza fuera aplastada. Sin embargo, aunque Jesús lo venció, Satanás aún está en guerra con la semilla incorruptible. Desde Génesis hasta Apocalipsis, la serpiente, la cual es vista como dragón al final de la Biblia, aún está intentando destruir toda la semilla de la Palabra de Dios que pueda encontrar. Él busca a todo aquel que lleve esta semilla e intenta robarle, asesinarlo y destruirlo (Juan 10:10).

Por ello cuando Moisés era pequeño, Satanás movió al Faraón a mandar a asesinar a todos los niños al nacer. Éxodo 1:22 dice:

> *Entonces Faraón mandó a todo su pueblo, diciendo: Echad al río a todo hijo que nazca, y a toda hija preservad la vida.*

Una vez más, Satanás iba tras la semilla.

El diablo hizo algo similar durante el tiempo en el que Jesús nació y creció; de nuevo intentó asesinar a la semilla al mandar asesinar a los niños menores de dos años de edad (Mateo 2:16). Una vez más, es por ello que al diablo le encanta el olor de la sangre de los bebés abortados; él odia cualquier posibilidad de que otro ser humano pueda llevar la semilla de la Palabra de Dios en él. ¡Es una satisfacción para él destruir otra semilla que pudiera levantarse y aplastar su cabeza de nuevo en la tierra en el nombre del Señor Altísimo! Mire, Moisés era *una* semilla, ¡Jesús era *"la"* semilla, y usted es la semilla de Cristo de acuerdo con la promesa si usted ha nacido de nuevo! El Faraón y Herodes perseguían a los niños porque eran motivados por el diablo quien recordaba que había una profecía de Dios en Génesis 3:15. Esta promesa declaraba el advenimiento de un avance para el hombre y que el diablo sería aplastado a través de una semilla. ¡Ahora, usted como cristiano es una semilla de Cristo a la que teme el diablo por la cosecha que usted dará para honrar y glorificar a Dios! Primera de Pedro 1:23 dice: *"Siendo renacidos, no de semilla corruptible, sino de incorruptible, por la palabra de Dios que vive y permanece para siempre".*

¡Nunca olvide que usted nació con un propósito! Su vida no es concebida para vivir lucha tras lucha o frustración tras otra. Jesús quiere que usted como cristiano viva una vida de bendición y que la tenga más abundantemente. Esto no significa que jamás va a luchar o a tener situaciones difíciles que enfrentar. Lo que quiere decir es que usted lleva en sí mismo la capacidad de vencer estas luchas por medio de la semilla de avance en usted. Incluso Jesús dijo que algunas veces en esta vida tendríamos tribulación (Juan 16:33). Eso es porque

Satanás continuará peleando contra la semilla incorruptible de Dios que tiene el potencial de obrar en cada corazón humano que viene a Cristo. De modo que él intenta destruir e interferir en la vida de cada ser humano para evitar que eso suceda.

Lo que tenemos que entender es que podemos ganar esa guerra por el poder de Dios que está disponible para usted cuando recibe la semilla incorruptible de Cristo. Primero es la semilla de su vida y después debe continuar con semillas de elecciones, acciones, ofrendas, servicio y búsqueda del Señor. Nunca debemos olvidar que somos concebidos y tenemos un propósito de Dios para traer la cosecha fiel de estas semillas, lo cual le trae gloria a Él. ¡Estamos en una guerra peleando por el poder de la semilla de Dios! No podemos rendirnos porque si lo hacemos, nos perderemos del poder de la bendición que la semilla puede producir en nuestro corazón.

Esta guerra por la semilla me recuerda de un par de historias de jardinería de la infancia. Cuando era un niño, mi padre decidió plantar un jardín grande en nuestro patio trasero. Era suficientemente grande como para producir verduras para toda la familia. Vengo de una familia de nueve, incluyendo a mi padre y mi madre, así que contar con lo que este jardín producía era una gran bendición.

Un día, después de que el jardín comenzó a producir cosecha, mi padre nos pidió a mi hermano y a mí deshacernos de la maleza que había crecido. Mi papá nos explicó la diferencia entre la maleza y las plantas y nos pidió arrancar la maleza con las manos. Sin embargo, al igual que todos los niños, posiblemente no escuchamos con la debida atención como hacerlo. ¡En lo único que podíamos pensar era en el horrible trabajo que nos costaría ya que el jardín era enorme! Había maleza por todos lados.

Era verano y queríamos ir a nadar en lugar de pasar el día entero trabajando en el patio. Aunque mi papá nos había ordenado arrancar la hierba con las manos decidimos utilizar un azadón pensando que nos ahorraría tiempo para así poder ir a nadar. Además, era evidente que no escuchamos a mi papá cuando nos enseñó cómo reconocer la maleza, así que ahora armados con la herramienta equivocada y nuestra propia ignorancia comenzamos a cortar lo que sería la maleza. Esto llevó a una "guerra de semillas" entre mi hermano y yo. Tuvimos una gran discusión y comenzamos a utilizar las herramientas de jardinería como armas para pelear entre nosotros y para arrancar las plantas, todo porque queríamos ir a nadar. Cuando terminamos, habíamos removido casi todo lo que crecía en el jardín. ¡Ambos miramos el jardín, que casi había desaparecido porque había sido atacado y cavado hasta morir por nuestras herramientas de enojo! Como se podrá imaginar, mi hermano y yo nos metimos en *Grandes* problemas, ¡con G mayúscula!

Nuestra pelea al estilo de la guerra llevó a destruir una cosecha de legumbres y todo el duro trabajo que se invirtió en producirla. Permitimos que nuestras discusiones, peleas, desobediencia y nuestra actitud torpe, negligente y descuidada destruyera la bendición que no solamente nos hubiera beneficiado a nosotros sino a toda nuestra familia.

Esto es exactamente lo que el diablo pretende para la semilla de nuestra vida y las semillas de lo que queremos producir. Él quiere destruirnos completamente y a nuestra cosecha para que veamos la vida con frustración, remordimiento e incluso con consecuencias severas algunas veces.

Esto es con el fin de que no recibamos bendiciones ni en nuestras vida ni en la vida de los demás.

¡Después de nuestra guerra en el jardín, el hecho de que mi hermano y yo tratáramos de repararlo replantando la maleza y las plantas no mejoró el asunto! Desde luego, no crecerían de nuevo porque habían perdido las raíces y estaban completamente destruidas, además de que la tierra estaba muy maltratada. Como castigo, mi hermano y yo tuvimos que enlatar jitomates con mis padres y abuelos durante un día. Fue triste. Olía terrible y teníamos que esperar a que los tontos recipientes hicieran un chasquido para indicar que estaban sellados. ¡Peor aún, todos los niños del vecindario se burlaron de nosotros mientras los escuchábamos jugar fútbol mientras nosotros estábamos enlatando!

Esta historia del jardín muestra cómo el diablo pelea por nuestras semillas. Sin embargo, esto es lo que él hace: Él nos hará exactamente lo que nos sucedió a mi hermano y a mí. Él lo engañara para que usted se destruya a sí mismo. Él lo engañará para creer que cultivar la semilla es mucho trabajo o que existen mejores formas de pasar su tiempo. El diablo intentará hacer la tierra de su corazón poco receptiva a la semilla incorruptible a través de cosas que hieren los sentimientos, el resentimiento o la amargura. Él intentará enredarlo para que ya no sepa lo que es la "maleza" en realidad, y que usted termine confundiéndola con una planta. Todo esto porque él es un mentiroso. ¡Pero si mantenemos nuestros ojos en la Palabra y la semilla de Dios en nuestro corazón continuaremos avanzando hasta que la cosecha de bendición llegue!

Tierra de avance

El Señor nos cuenta una historia en Marcos 4, respecto a un sembrador que plantó semillas en diferentes tipos y condiciones de tierra. Se han predicado muchos sermones grandiosos acerca de este pasaje de las Escrituras. Las semillas a las que Jesús se refería eran las semillas del Reino de la Palabra de Dios, pero la lección importante que Jesús destaca, es que estas semillas necesitan la tierra adecuada o la base para sobrevivir y traer una bendición de avance a nuestra vida. Lo interesante que no se debe pasar por alto es que Jesús habló de las cosas que atacan a esas semillas sembradas. Él nos enseñó las cosas que podrían afectar nuestra vida y comparó nuestro cimiento espiritual y nuestro corazón con la tierra (Marcos 4). A menudo son estas cosas que no nos permiten ser rompedores de barreras o nos detienen del avance venidero. Observe las diferentes cosas que afectan la tierra de nuestra vida, corazón y los cimientos espirituales sobre los que construimos.

Marcos 4:14–18

1. *El diablo: "En seguida viene Satanás, y quita la palabra que se sembró en sus corazones" (Marcos 4:15).* Si nos negamos a lidiar con el diablo y las fuerzas demoníacas, y nos negamos a cerrar la puerta que le hemos abierto en nuestra vida, ¡no seremos rompedores de barreras exitosos! Él viene por las semillas de Dios en nuestra vida de modo que no avancemos.

2. *Emociones fuera de control y aquellos que no gobiernan su alma.*

"Estos son asimismo los que fueron sembrados en pedregales: los que cuando han oído la palabra, al momento la reciben con gozo; pero no tienen raíz en sí, sino que son de corta duración, porque cuando viene la tribulación o la persecución por causa de la palabra, luego tropiezan" (Marcos 4:16-17).

Existen muchas personas como estas semillas que cayeron en pedregales. Su caminar cristiano y su base son de este tipo de tierra. Es rocosa, extremadamente pedregosa. La semilla de su vida cristiana produce muy poco fruto o nada, porque viven para el momento. Si la vida es buena y las cosas marchan bien, entonces están felices, pero tan pronto las cosas comienzan a marchar mal se convierten en un destrozo emocional. No logran hacer un avance en su espíritu, sino que viven de acuerdo a la manera en que se sienten en el momento. Como sabe, su alma es su mente, voluntad y emociones. De acuerdo con Jesús, debemos poseer nuestra alma (Lucas 21:19).

Con el fin de poseer nuestra alma debemos ponerle riendas como cuando montamos un caballo. Si el caballo comienza a acelerar y se está saliendo de control o va por el camino equivocado, halamos las riendas para hacer que el caballo cambie de dirección diciendo:

"¡So!". Esto es exactamente lo que debemos hacer: tomar las riendas de nuestras emociones y avanzar. ¡Debemos conducir las emociones hacia la Palabra y las cosas espirituales, y no permitir que se salgan de control!

3. *Los afanes de este mundo, el miedo, la ansiedad, la carnalidad y el cristianismo casual.*

"Pero los afanes de este siglo, y el engaño de las riquezas, y las codicias de otras cosas, entran y ahogan la palabra, y se hace infructuosa" (Marcos 4:19).

Algunos cristianos nunca experimentan un avance porque se distraen muy fácilmente. Se afanan con los pendientes, el trabajo excesivo y la necesidad de obtener dinero. Intentan exhaustivamente vivir una vida soñada. Algunos están demasiado hambrientos de lo que el mundo ofrece; de modo que estos deseos y distracciones impiden que las semillas de Dios crezcan y maduren hasta convertirse en una bendición.

4. *La buena tierra son aquellos que escuchan la Palabra de Dios y la realizan.* Éstos son los que construyen una vida cristiana espiritual sólida. Buscan al Señor y su Reino primero e intentan construir un cimiento divino, sólido y bíblico, teniendo como estándar la Palabra de Dios. No se rinden con base en lo que sienten o por

distracciones mundanas. Mantienen el rumbo hasta que llega la cosecha.

Podemos ver en estos versículos de Marcos 4 que Jesús nos mostraba cuán importante es para aquellos quienes quieren ser rompedores de barreras, entender el poder que yace en una semilla cuando es sembrada. No es solamente lo que hay en una semilla. Él también mostró la importancia del corazón y la tierra de nuestro fundamento espiritual, lo cual ayuda a la semilla a crecer y originar la vida que da buen fruto. Toda semilla debe tener una buena tierra o el fundamento correcto. Cuando esto sucede, la semilla atraviesa la superficie de la tierra desde el fundamento correcto y produce una cosecha.

Jesús enseñó sobre los fundamentos correctos en Mateo 7 y Lucas 6. Él habla acerca de cuán vital es que nuestra casa o nuestra vida, esté construida o establecida en la posición correcta. Dijo que vendrían tormentas a nuestra vida y explicó que hay quienes edifican sabiamente en la vida porque construyen su fundamento espiritual en la roca o en el fundamento correcto, ya que escuchan y llevan a cabo la Palabra de Dios. Después enseñó acerca de aquellos que son insensatos cuando viene la tormenta a su vida, porque construyen sobre la arena, la cual no es confiable o sólida. Dijo que la caída de estos quienes construyen de esta manera es grande porque escuchan las palabras de Dios pero no las hacen. En otras palabras, ellos no cultivan su jardín en un ambiente estable correcto, que es simplemente ser constantes en llevar a cabo la Palabra de Dios.

En esta historia, Jesús nos enseñó cómo obtener un avance para nuestra vida y estar preparados adecuadamente para las pruebas y problemas de la vida. ¿Alguna vez ha visto el reporte del tiempo en televisión cuando se está informando sobre un huracán? Me asombra y entretiene ver a estos reporteros quienes van allí a hacer su trabajo mientras un huracán feroz sopla en la ciudad. Los escombros caen y vuelan alrededor del reportero mientras este se agacha esquivándolos y apenas puede sostenerse en pie. Aun así con el cabello y la ropa torcidos se mantienen erguidos para dar su informe. ¡Las autoridades les ordenan a todos que evacuen, pero de alguna manera esto no se les aplica a los reporteros! ¡Es muy gracioso!

En fin, imagínese lo tonto que sería ver a la gente intentar cubrir sus ventanas con tablas en estas circunstancias, debido a que no se prepararon completamente con anticipación. Si los viera clavar las tablas mientras la lluvia y el viento estuvieran soplando con furia, usted asumiría que están locos. Sin embargo, así es como mucha gente enfrenta la vida, y después se frustra cuando no obtiene la victoria o el avance. En lugar de eso, son vencidos por las tormentas de la vida. Las cosas no deben ser así. El tiempo para prepararse no es la tormenta, sino antes de que llegue. Usted debe llenarse de la Palabra de Dios y pasar tiempo en oración con anticipación. Esto lo colocará sobre el fundamento correcto, aunque en realidad sucede algo más. A medida que la Palabra de Dios entre en su corazón, no solamente preparará sus defensas fundamentales contra el diablo, sino que la Palabra de Dios también es una semilla. ¡Esta semilla entra en la tierra de su corazón con el fin de producir provisión para lo que usted necesite cuando golpee la tormenta!

Jesús enseñó este principio de avance en todas sus enseñanzas. Observe lo que dice en Lucas 6:46–49:

¿Por qué me llamáis, Señor, Señor, y no hacéis lo que yo digo? Todo aquel que viene a mí, y oye mis palabras y las hace, os indicaré a quién es semejante. Semejante es al hombre que al edificar una casa, cavó y ahondó y puso el fundamento sobre la roca; y cuando vino la inundación, el río dio con ímpetu contra aquella casa, pero no la pudo mover, porque estaba fundada sobre la roca. Mas el que oyó y no hizo, semejante es al hombre que edificó su casa sobre la tierra, sin fundamento; contra la cual el río dio con ímpetu, y luego cayó, y fue grande la ruina de aquella casa.

En este pasaje, el Señor nos muestra cómo prepararnos para los desafíos de manera que no solamente terminemos de pie, sino que además quedemos en la mejor forma en completa bendición y provisión. Jesús indica los diferentes tipos de semillas que podemos sembrar, y que producen cosecha de bendición; estas mismas semillas nos llevan al fundamento correcto donde la cosecha de bendición puede crecer incluso en la tormenta. Veamos en los versículos anteriores estas semillas que necesitamos sembrar.

1. *Hacer a Jesús verdaderamente nuestro Señor y hacer lo que Él dice* (Lucas 6:46). Si Él es nuestro Señor, entonces necesitamos hacer lo que Él dijo. Si Jesús nos dijo que debemos amar, perdonar, dar ofrendas, servir, orar y caminar en rectitud (por decir algunas cosas), entonces debemos hacerlo.

2. *Escuchar su Palabra y ponerla por obra* (versículo 47). Esto se refiere tanto a sus palabras en las Escrituras como a sus palabras habladas por su Espíritu a través de las diferentes maneras en las que Dios habla.

3. *Ahondar* (versículo 48). Ahondar requiere que nos esforcemos por tener más de Dios y estar determinados a hacer de Él una prioridad y el enfoque principal de nuestra vida. Esto quiere decir hacer de las cosas espirituales una prioridad y estar determinados a buscar más a Dios y su Palabra. Si no hacemos esto, entonces estamos solamente manteniéndonos y no tendremos una base espiritual fuerte sobre la cual sostenernos o avanzar.

4. *Poner el fundamento* (versículo 48). Poner el fundamento es regresar diariamente a lo simple, a las bases de su cristianismo y de la Palabra de Dios. Fortalecer y construir nuestras bases espirituales debe ser un proceso continuo. Esto hace que nuestra casa espiritual sea un hogar más fuerte y duradero frente a las tormentas y los desafíos de esta vida. Cuando usted repasa y conoce lo básico, lo ayuda a reparar o eliminar grietas peligrosas en el fundamento espiritual de su vida y evitar la derrota. Como diría un buen entrenador: ¡conozca su plan de juego! De la misma manera, necesitamos conocer nuestra Biblia como el fundamento básico de nuestro cristianismo. Recuerde, 3 Juan 2

nos muestra tres cosas principales que afectan a todo hombre nacido en este mundo. Todo el mundo lidia con ellas. Estas son las finanzas, la salud y un alma sana (mente, voluntad y emociones). Tercera de Juan 1:2 dice: *"Amado, yo deseo que tú seas prosperado en todas las cosas, y que tengas salud, así como prospera tu alma"*.

Lo segundo que era parte del proceso para obtener una cosecha y un avance era el fundamento o la tierra, como lo mencionamos anteriormente en Marcos 4. Jesús dijo que había dos fundamentos. Aquel establecido sobre la roca permanecerá, y aquel construido sobre tierra o arena caerá. Aquellos que se sometan a su Señorío, a su Palabra y que están comprometidos con ahondar en las cosas de Dios y construir un fundamento seguro en Él, serán el tipo más sólido de creyentes.

Cuando estaba en la escuela primaria, mi papá decidió construir sobre el garaje. Para construir este nuevo edificio, tuvimos que cavar profundamente la tierra y poner los cimientos correctos que pudieran soportar la estructura. ¡Parecía que habíamos cavado tan profundamente como para llegar al otro lado del mundo! Como niño, esperaba escuchar voces del otro lado del mundo, ya que estábamos cavando muy profundamente y alguien me había dicho que China estaba del otro lado. Tuvimos que cavar suficientemente para que la estructura pudiera soportar varias tormentas y adversidades que pudieran surgir. Nuestro fundamento espiritual y su importancia para mantener y recibir nuestros avances en la vida no distan mucho. Es como Jesús dijo: aquellos que ahondan y buscan construir sobre la roca en un fundamento seguro, son sabios y soportan las tormentas y los desafíos de la vida.

Siembre semillas para un avance

En este capítulo aprendimos que se necesitan dos cosas básicas para el avance espiritual y para una vida llena de bendiciones fructíferas. Hemos aprendido acerca del poder de la semilla y de nuestra necesidad de sembrar continuamente las correctas; y asimismo hemos hablado acerca de la importancia de tener los fundamentos correctos. Las semillas espirituales correctas y un fundamento sólido son de suma importancia para avanzar. ¡La semilla y la tierra, así de simple!

Esto me recuerda otra historia de jardinería. ¡Por supuesto, no sólo tuvimos una! Una vez más mi papá nos pidió a uno de mis hermanos y a mí ayudar a plantar un jardín, y mi abuelo, quien en realidad era el jardinero, nos mostraría cómo plantarlo. Parecía una explicación *eterna*. Nos aburrimos y una vez más casi no pusimos atención y olvidamos todo lo que nos dijo. Esto llevó a una seria pelea jardinera entre mi hermano y yo, después de que mi abuelo se marchó. ¡Peleamos en ese jardín, golpeándonos, pateándonos y luchando sobre el lodo y las semillas recién plantadas! Desde luego, usted pensaría que los adultos ya no nos permitirían estar solos en el jardín de nuevo, ¡pero creo que todavía creían en nosotros!

Puede imaginarse cómo arruinamos lo que habíamos plantado. Se suponía que debíamos plantar las semillas en filas, un tipo de semilla por fila, y escribir el nombre de la semilla en un palito de paleta. Después debíamos colocar los palitos junto a la fila de semillas correcta. Muy sencillo, una fila de semillas de zanahoria necesitaba un palito que dijera "zanahorias". ¡Perfecto! ¡Excepto por un problema! Estábamos tan ocupados peleando de nuevo que mezclamos los palitos y las filas de semillas, ¡y ya no sabíamos qué tipo de semillas habíamos plantado en qué fila! ¡Qué desastre de jardín! Mi hermano y yo intentamos esconder nuestro desastre adivinando qué palito pertenecía a cada fila. Después los pusimos junto a cada fila del enorme jardín esperando acertar, ya que no teníamos idea de lo que se había plantado.

Usted sabe que descubrimos que no importaba lo que estuviera escrito en el palito. Las semillas plantadas en la tierra producirían según su especie. Una semilla de zanahoria produce zanahorias y no jitomates. Esto es porque, como leímos anteriormente, cada semilla produce según su especie. No importó lo que habíamos escrito en el palito y colocado junto a las semillas plantadas en el jardín. Las semillas mismas produjeron según fueron creadas y no de acuerdo a la etiqueta que tenían.

El mismo principio se aplica cuando sembramos semillas espirituales. En la vida cosechamos lo que sembramos. No importa cómo lo etiquete o lo que usted quiera que produzca, cosechamos lo que sembramos. El poder de una semilla es muy grande y obtiene su avance. Si sembramos las semillas correctas en la vida *obtendremos* un avance porque estamos cultivando la semilla de Cristo que ya está en nosotros. Esto tiene que suceder así debido a una ley espiritual. Si da recibe. Siembre amor y terminará cosechándolo. Por otra parte, si usted siembra amargura y dolor eso es lo que cosechará. ¡Así como con la ley natural al sembrar maíz cosecha maíz, con la ley espiritual de la siembra de semillas pasa lo mismo!

Dé lo mejor de usted para obtener el avance máximo

Si deseamos una vida de avance y queremos ser verdaderos rompedores de barreras, entonces debemos darle a Dios lo mejor de nosotros. Debemos continuar preparando nuestro corazón y nuestra vida como la tierra si queremos que se manifieste un avance. Cuando comprendemos cuán poderosa fue la semilla de Jesucristo para quebrantar las mentiras y los planes malvados del diablo, verdaderamente experimentaremos los avances que esperamos. No podemos esperar un avance si nuestro corazón no están bien y nuestros cimientos espirituales son débiles. Tampoco podemos esperar un avance abundante si somos egoístas, egocéntricos y nos rendimos en la vida. Si deseamos un avance máximo, entonces debemos dar lo máximo de semillas de bendición a Dios y a los demás.

En Lucas 5 vemos un ejemplo de la manera en que Jesús intentó enseñarle a Pedro cómo obtener un avance con el máximo de resultados. En este momento, Jesús estaba en proceso de escoger a sus doce discípulos, y Pedro sería uno de los líderes principales de la Iglesia después de la resurrección de Jesús. Pedro necesitaba ser transformado de Simón, que significa "junco que va en dirección del viento", a Pedro, que significa "roca inamovible". Cuando Jesús se encontró con él, comenzó el proceso enseñándole a Pedro un principio acerca del avance. Jesús lo estaba transformando en un rompedor de barreras quien sabría cómo rendir resultados máximos.

Aconteció que estando Jesús junto al lago de Genesaret, el gentío se golpeaba sobre él para oír la palabra de Dios. Y vio dos barcas que estaban cerca de la orilla del lago; y los pescadores, habiendo descendido de ellas, lavaban sus redes. Y entrando en una de aquellas barcas, la cual era de Simón, le rogó que la apartase de tierra un poco; y sentándose, enseñaba desde la barca a la multitud. Cuando terminó de hablar, dijo a Simón: Boga mar adentro, y echad vuestras redes para pescar. Respondiendo Simón, le dijo: Maestro, toda la noche hemos estado trabajando, y nada hemos pescado; mas en tu palabra echaré la red. Y habiéndolo hecho, encerraron gran cantidad de peces, y su red se rompía. (Lucas 5:1–6).

Es típico que cuando leemos esta historia, siempre pensemos en la abundancia de peces que salió de la red. Sin embargo, ¿Pedro en realidad obtuvo el máximo de resultados? Examinémoslo un momento. Primero, Pedro había pescado toda la noche con sus compañeros sin obtener resultados. Él no obtuvo logro alguno después de una noche de pesca y no pescó nada.

Posiblemente usted se sienta igual que Pedro. Tal vez usted ha trabajado arduamente toda su vida, pero siente como si hubiera obtenido pocos o ningún resultado. Sin embargo, existe una clave escondida en esta historia que originó el avance de Pedro, ¡la cual también es una clave para usted! Una vez más, veremos la revelación de plantar una semilla como lo hemos aprendido en este capítulo. Recuerde que hay poder en una semilla. Esta es la razón por la que Jesús dijo que la semilla de mostaza es la más pequeña de todas y aun así, al crecer se convierte en la mayor de ellas. ¿Por qué sucede esto? Por el poder que posee la semilla para traer avance.

El mismo principio fue la clave para el avance de Pedro, si tan sólo se hubiera dado cuenta. Jesús conocía este principio poderoso de la semilla. Él sabía que para que Pedro pudiera avanzar, se necesitaría una semilla. Jesús tuvo que hacer que Pedro ofreciera una semilla, así que le pide que salga de la barca. La primera semilla que Jesús hizo que Pedro ofreciera fue su barca:

> *Y entrando en una de aquellas barcas, la cual era de Simón, le rogó que la apartase de tierra un poco; y sentándose, enseñaba desde la barca a la multitud* (Lucas 5:3).

Si Pedro hubiera ofrecido su barca, hubiera sido la semilla necesaria y el fundamento en el que el avance se hubiera producido, y más tarde manifestado. Cuando Jesús le pidió a Pedro salir de pesca, Pedro dio una semilla de obediencia. La semilla de su barca fue ofrecida por petición del Maestro.

Pedro, al "dar" su barca como acto de obediencia hizo que la barca se convirtiera en una semilla. ¡Después de todo, esta barca era el sustento de Pedro y me imagino que después de una larga noche fue un sacrificio salir de nuevo! No se sorprenda si el Maestro viene por su sustento de igual manera y le pide una semilla de sacrificio de obediencia para Él.

La barca de Pedro hubiera podido ser la primera semilla, pero si Pedro iba a dar los resultados máximos, ¡él hubiera necesitado más semillas! De manera que Jesús solicita otra cosa. Esta vez Jesús le pide arrojar sus redes, en plural, no en singular, para pescar: *Cuando terminó de hablar, dijo a Simón: Boga mar adentro, y echad vuestras redes para pescar* (Lucas 5:4). Observe: ¡Jesús dijo redes! ¡Fue con el propósito de hacer que Pedro sembrara semillas para un avance máximo! Solamente había un problema en este futuro rompedor de barreras llamado Pedro. Él no estaba pensando en un avance o en la posibilidad de la existencia de uno. Él estaba limitando a Jesús con sus propias fuerzas y la rutina diaria de la manera en la que funciona la vida. Usted trabaja día y noche. Algunos días triunfa y otros no. Se necesitaría una manera de pensar diferente para que Pedro se convirtiera en un rompedor de barreras.

Dése cuenta de que cuando Jesús apareció, Pedro y el resto de la multitud lavaban las redes que habían usado toda esa noche. *"Y vio dos barcas que estaban cerca de la orilla del lago; y los pescadores, habiendo descendido de ellas, lavaban sus redes"* (Lucas 5:2). Pescar y limpiar redes no es fácil. Pero ahora, después del problema de regresar al mar, Jesús le dijo a Pedro que echara sus redes. Jesús dijo "redes" en plural, pero Pedro hizo lo que muchos de nosotros hacemos. Él dijo: "Mas en tu palabra, echaré la red", en singular.

> *Respondiendo Simón, le dijo: Maestro, toda la noche hemos estado trabajando, y nada hemos pescado; mas en tu palabra echaré la red* (Lucas 5:5).

Para poder obtener el avance máximo necesitamos tener el máximo de obediencia, ¡incluso cuando es agotador y lo sentimos como un lío! Jesús dijo redes, no red. ¡Él estaba pidiendo lo mejor de Pedro!

Pedro, sin embargo, solamente echó una red. Digo, él ya estaba lavando las otras redes, éstas estaban afuera y él hubiera podido fácilmente utilizarlas de nuevo. ¿Por qué no echar todas de nuevo? Esto me pone a pensar que la red que Pedro estaba ofreciendo era posiblemente una red extra, tal vez una desgastada que estaba por ahí, de manera que no tuviera que ensuciar las demás redes que acababa de lavar. Es lógico que probablemente la única red que ofreció, era una red vieja extra, porque en otros relatos de la pesca sobrenatural nunca se mencionan redes rotas, y sin embargo, en este relato la red se rompe. Juan 21:11 dice:

> *Subió Simón Pedro, y sacó la red a tierra, llena de grandes peces, ciento cincuenta y tres;* ***y aun siendo tantos, la red no se rompió*** (el énfasis es mío).

Pedro hizo lo que muchos de nosotros hacemos cuando deseamos un avance, pero no creemos que funcionará. ¡Este modo de pensar no nos permite convertirnos en rompedores de barreras! De manera que hacemos oraciones débiles. Esperamos y oramos para ver si funciona esta vez, así que no damos lo mejor de nosotros, como Pedro. Algunas veces no queremos ofrecer nuestra barca, o nos negamos a darle a Dios lo mejor de nosotros. ¡Algunas otras veces, pasamos todo el tiempo concentrándonos, como Pedro, en lo que no tenemos y en lo tanto que hemos trabajado, orado y servido al Señor, pero que no hemos podido "pescar" nada en un rato! ¡El resultado final es que nunca obtenemos la bendición máxima de avance!

En conclusión, podemos ver la importancia del hecho de que Pedro ofreció su barca, lo cual se convirtió en el fundamento y la semilla para su avance. De no haber ofrecido tanto, él no hubiera recibido nada. Fue esta decisión lo que tuvo como consecuencia que su red se rompiera, ¡y él obtuvo el avance por una semilla! Sin embargo, si Pedro hubiera tenido un espíritu y una mentalidad de rompedor de barreras, hubiera recibido un mejor resultado final. Él hubiera hecho más para obtener resultados máximos. Sí, recibió bendición, pero cuánto más habría recibido si hubiera tenido un espíritu rompedor de barreras dispuesto a trabajar para obtener un resultado máximo. Todo lo que tenía que hacer era lo que Jesús le dijo, o sea, echar las redes, ¡no solamente una red!

> *Y habiéndolo hecho, encerraron gran cantidad de peces, y su red se rompía. Entonces hicieron señas a los compañeros que estaban en la otra barca, para que viniesen a ayudarles; y vinieron, y llenaron ambas barcas, de tal manera que se hundían* (Lucas 5:6–7).

Después de esto, Pedro supo que no le había dado lo máximo a Jesús ya que no le dio sus mejores redes como semilla. Nos damos cuenta de esto por su respuesta a Jesús. Lucas 5:8 dice: *"Viendo esto Simón Pedro, cayó de rodillas ante Jesús, diciendo: Apártate de mí, Señor, porque soy hombre pecador"*.

Observe que Pedro admitió ser un pecador o haber pecado. ¿Por qué habría dicho eso si hubiera dado lo mejor de sí? Una vez más, ¡darle a Jesús lo mejor de nosotros producirá los mejores resultados!

Hace años, nuestra familia se enfermaba constantemente de afecciones molestas como gripes y resfriados. Uno se contagiaba y después el siguiente. Finalmente, después de meses de estos ciclos, todos estábamos enfermos de nuevo y decidimos que ya era suficiente. Le pregunté al Señor qué debíamos hacer y Él me dijo que escribiera un cheque y diera el dinero a un ministerio de sanidad. Justo a media noche, cuando mi hijo se había levantado a vomitar escribimos el cheque. No teníamos mucho dinero y, sin embargo, dimos lo mejor de nosotros. Sembramos nuestra mejor semilla financiera y la plantamos en un ministerio de sanidad respetado. Esa semilla poderosa junto con nuestra obediencia, nos llevaron a un momento de avance. Casi de inmediato, después de poner el dinero en el buzón se rompió esa misión del diablo sobre nuestra vida. Logramos hacer un avance al dar una semilla, ¡y lo hicimos dando nuestra mejor semilla!

¡Recuerde que en una semilla hay poder para avanzar! Pueden ser semillas de elecciones, acciones, pensamientos o incluso de dádivas financieras. Ahora, levántese en su interior y sepa que el mayor vive en usted, y ya que Él resucitó, ahora usted posee el mismo poder que Él tuvo para ser un rompedor de barreras. Es tiempo de que se dé cuenta de que usted posee el espíritu rompedor de barreras de Jesucristo porque su semilla incorruptible vive en usted. Mantenga su fundamento firme en su Palabra y continúe dando su vida tal como Él dio la suya. Cuide las semillas de su vida y las elecciones que realiza, ¡y observe como lo que dé para su honra generará avance tras avance! ¡Usted es un rompedor de barreras creado para continuar aplastando a Satanás bajo sus pies! ¡Siga plantando semillas en su vida y continúe comprendiendo quién es usted y quién vive en usted, y espere avanzar una y otra vez a donde vaya y en todo cuanto haga!

Capítulo dos

EL ROMPEDOR DE BARRERAS HA VENIDO

Subirá el que abre [El Mesías] caminos delante de ellos; abrirán camino y pasarán la puerta, y saldrán por ella; y su rey pasará delante de ellos, y a la cabeza de ellos Jehová (Miqueas 2:13).

PODÍA ESCUCHAR EL sonido de lo que parecían miles marchando, mientras alguien con voz fuerte les gritaba dándoles órdenes. Esta visión o sueño fue tan real que en realidad pensé que estaba en medio de lo que estaba viendo. Me volteé para ver qué era ese ruido y quién era el que hablaba. De pronto, el sonido de la marcha se detuvo y pude ver al líder a la distancia. Era un hombre, y venía caminando hacia mí. Al poco tiempo, a unos pasos de distancia había un hombre con barba y bigote vestido con una camiseta blanca y con su uniforme de combate. ¡Él me miraba directamente con una mirada intensa!

"¿Qué sucede, no me reconoces?", preguntó. Sorprendido respondí: "¿Jesús? ¡No sabía que eras tú!". No lo reconocí ya que estaba vestido con un atuendo que nunca pensaría que Él vestiría. ¡No era como normalmente imaginamos al Señor vestido! Sin embargo, sonrió y me dijo: "Hank, para Ezequiel yo era la rueda dentro de la rueda; para Moisés, yo era la zarza ardiendo; y para Josué yo era el Príncipe del ejército. ¿Cuál de los tres estuvo en lo correcto en su comprensión de quién soy?" Respondí: "Bueno, Señor, creo que todos estaban en lo correcto". Entonces dijo: "Así es, porque yo me revelaré y me manifestaré en la manera que elija, y de acuerdo con la generación que esté alcanzando".

La revelación del avance

¡Quedé completamente sorprendido y humillado! No reconocí al Señor que vino a mí como el comandante de un ejército vestido como un instructor militar moderno. En realidad no debí haberme sorprendido de que Él se mostrara de manera diferente de lo que esperaba, ¡ya que Él es el rompedor que le lleva la delantera a su pueblo, dirigiéndolos hacia el avance!

Esto iba completamente contra mi comprensión e interpretación religiosa de quién Él era y cómo se suponía que se vería. Sin embargo, tuve que hacer una pausa y darme cuenta de que la Biblia dice que el Señor es un varón de guerra (Éxodo 15:3), ¡así que supongo que no sería bíblicamente incorrecto verlo vestido con varios tipos de vestimentas militares!

Creo que por esta razón, muchas personas de buen corazón y con buenas intenciones no avanzan y nunca rompen barreras en sus vidas: es porque tienen una mentalidad preconcebida, como yo la tenía, de la manera en la que Jesús debería actuar o de su apariencia. Con frecuencia no vemos la personalidad bíblica de Jesús. Normalmente lo relacionamos con películas, pinturas, historias, sermones, a la manera en la que fuimos educados, y a la manera en que pensamos que debe ser, basados en nuestras experiencias personales. Todo ello puede ser correcto, pero a menudo es una revelación unidimensional o limitada de la completa y verdadera revelación o entendimiento de Jesús. Él quiere que comprendamos cuán vasto es Él y cómo puede satisfacer todas las necesidades del hombre bajo sus diferentes nombres y descripciones.

Podemos encontrar un ejemplo de lo anterior en el libro de Apocalipsis. Jesús no solamente fue descrito de forma humana sentado a la diestra de Dios, sino que lo vemos también descrito como cordero. Apocalipsis 5:6 dice:

> *Y miré, y vi que en medio del trono y de los cuatro seres vivientes, y en medio de los ancianos, estaba en pie un Cordero como inmolado, que tenía siete cuernos, y siete ojos, los cuales son los siete espíritus de Dios enviados por toda la tierra.*

Sin embargo, observe que no solamente era descrito como cordero, sino específicamente como el Cordero inmolado de Dios. Esto sucedió en medio del trono. Conocemos a Jesús en la forma de un Hombre glorificado, pero en este ejemplo, aparece de manera diferente como el Cordero de Dios inmolado.

Después de que Jesús se levantó de la muerte, los discípulos tuvieron el mismo problema de recibirlo en una forma diferente a su experiencia previa. Ellos tenían una mentalidad preconcebida y se llenaron de incredulidad. Esto les impidió romper con la barrera en su mentalidad de que Jesús en realidad había resucitado de la muerte. En la mayoría de los ejemplos de su aparición después de la crucifixión y la resurrección, los discípulos y María Magdalena no lo reconocieron cuando apareció.

> *Cuando había dicho esto, se volvió, y vio a Jesús que estaba allí; mas no sabía que era Jesús* (Juan 20:14).

> *Cuando ya iba amaneciendo, se presentó Jesús en la playa; mas los discípulos no sabían que era Jesús* (Juan 21:4).

Esto se debió en parte a su incredulidad acerca del hecho de que Él realmente resucitaría de la muerte. No obstante, su incapacidad para reconocerlo también se debió a su mentalidad preconcebida del aspecto de Jesús. Seguramente la última imagen que tuvieron de Él, especialmente al haberlo visto desfigurado hasta ser irreconocible cuando murió, les afectó.

> *Como se asombraron de ti muchos, de tal manera fue desfigurado de los hombres su parecer, y su hermosura más que la de los hijos de los hombres* (Isaías 52:14).

¡Sin lugar a dudas, la diferencia de su aspecto antes y durante la crucifixión era grande del aspecto que tenía en su gloriosa resurrección! Ellos nunca lo habían visto como el glorificado y resucitado Señor de todo.

Otro ejemplo para explicar este punto sucedió cuando cerraron las puertas y se escondieron en el aposento alto con temor después de la crucifixión.

> *Cuando llegó la noche de aquel mismo día, el primero de la semana, estando las puertas cerradas en el lugar donde los discípulos estaban reunidos por miedo de los judíos, vino Jesús, y puesto en medio, les dijo: Paz a vosotros* (Juan 20:19).

Recuerde que algunos de los discípulos ya habían visto a Jesús vivo y habían comunicado que Él en realidad estaba vivo. Aún así, ellos estaban escondidos, por temor a los judíos. Al parecer, la última imagen de los judíos burlándose de Él y exigiendo su muerte era la que permanecía marcada en su mente. ¡Evidentemente no estaban esperando nada milagroso aunque ya habían escuchado que Jesús estaba vivo! ¡Es claro que no planeaban que Jesús apareciera, y mucho menos que apareciera de la nada! Tomás incluso tenía una idea fija en la mente de que ese ni siquiera era Jesús. Incluso después de que Jesús los encontró de manera sobrenatural y entró de la nada en el cuarto, ellos no pudieron cambiar su mentalidad.

Su perspectiva era unidimensional, limitada y llena de duda y temor. Jesús no apareció en la puerta, sino que lo hizo de una manera diferente, desafiando todavía más su forma de pensar. A menudo hacemos lo mismo y esto nos impide avanzar. Encerramos a Jesús y lo limitamos a nuestro entendimiento y procedimientos restringidos. Intentamos limitarlo a nuestra forma de pensar. Ellos no esperaban que Jesús simplemente apareciera en lugar de entrar por la puerta. Muchas veces Dios no se presenta o se revela en la manera natural que esperamos o determinamos. Si los discípulos iban a ser rompedores de barreras quienes harían avanzar su Iglesia, necesitaban incrementar su fe, revelación y entendimiento de Él para poder salir adelante por el Evangelio. El hecho de que Jesús apareciera en lugar de utilizar la puerta, les ayudaría a romper su barrera mental y sus expectativas.

Dios quiere que aumentemos nuestra revelación de Él y que no nos limitemos a nuestro entendimiento de Él o de su poder. Es por esto que creo que Dios se describió a sí mismo utilizando tantos nombres y descripciones en todas las Escrituras. Cuando Dios se le presentó a Moisés, le dijo que su nombre era "Yo soy el que soy" (Éxodo 3:14). Con esta afirmación, Dios estaba diciendo: "Moisés, soy todo lo que tú, la humanidad y toda la tierra necesitarán jamás". Dios, al identificarse a sí mismo con el "Yo soy" estaba describiendo todos sus atributos en una palabra, diciendo: "Yo soy todo". ¡Él nos ha dado tantos nombres y revelaciones de sí mismo para ayudarnos a reconocer quién es y lo que puede hacer! ¡Entre más lo entendamos, y más lo declaremos como tal, se romperán más barreras en el proceso!

A continuación tenemos algunos ejemplos de las Escrituras que nos muestran cómo escoge Dios identificarse. Estos nos ayudarán a entender mejor su carácter y nos ayudarán a romper barreras en nuestra vida.

- ADONAI: "Señor" (vea Génesis 15:2). En el Antiguo Testamento, Jehová se utiliza más a menudo cuando el Señor trata con su pueblo, los judíos. Adonai se utiliza más cuando trata con los Gentiles.

- JEHOVÁ/YAHVÉ: "Señor" (vea Deuteronomio 6:4).

- JEHOVÁ-SABAOT: "El Señor de los ejércitos" (vea Isaías 1:24).

- JEHOVÁ-JIREH: "El Señor proveerá" (vea Génesis 22:14).

- JEHOVÁ-M'KADDESH: "El Señor que nos santifica, que nos hace santos" (vea Levítico 20:8).

- JEHOVÁ-NISI: "El Señor nuestro estandarte" (vea Éxodo 17:15).

- JEHOVÁ-RAPHA: "El Señor nuestro sanador" (vea Éxodo 15:26).

- JEHOVÁ-ROHI: "El Señor nuestro pastor" (vea Salmos 23:1).

- JEHOVÁ-SHALOM: "El Señor es nuestra paz" (vea Jueces 6:24).

- JEHOVÁ-SAMA: "El Señor está presente" (vea Ezequiel 48:35).

- JEHOVÁ-TSIDKENU: "El Señor justicia nuestra" (vea Jeremías 33:16).

- EL ELYON: "El Dios Altísimo" (vea Deuteronomio 26:19).

- EL OHIM: Dios "Creador, Poderoso y Fuerte" (vea Jeremías 31:33).

- EL OLAM: "Dios eterno" (vea Salmos 90:1–3).

- EL ROI: "El Dios que ve" (vea Génesis 16:13).

- EL SHADDAI: "Dios Todopoderoso" (vea Génesis 49:24).

Con cada uno de estos ejemplos lo podemos declarar de acuerdo con su nombre y atributos. ¡Él es tan poderoso y asombroso que ninguna palabra ni caracterización son suficientes! Necesitamos declararlo así porque de la manera en que declaremos a Dios, Él vendrá como imán y se manifestará de acuerdo a ello.

Un ejemplo es cuando usted lo conoce y lo declara como JEHOVÁ-JIREH que significa "el Señor proveerá" en el momento de necesidad. Cuando usted lo declara como tal, comienza a recibir la revelación de que Dios abrirá camino y será fiel para proveerle. ¡El declararlo como su proveedor atrae este atributo a su vida para avanzar! Él se muestra poderoso como su provisión porque usted lo ha declarado como tal. Por lo tanto, eso es lo que Él será para usted. Por ello la Biblia dice que determinemos una cosa y nos será firme.

> *Determinarás asimismo una cosa, y te será firme, y sobre tus caminos resplandecerá luz.* (Job 22:28).

El pasaje obviamente se refiere a lo que decimos, pero también está implícito lo que decretamos de Dios. Cualquiera que sea el nombre que decida declarar y hablar acerca de Dios, de acuerdo con su propia revelación, eso es quién es Él. Cuando usted lo llama JEHOVÁ-SAMA, que significa "El Señor está presente", se convierte en JEHOVÁ-SAMA para usted y tendrá la bendición de su presencia. Cuando usted lo llama JEHOVÁ-RAPHA, "el Señor es nuestro sanador", entonces el poder sanador de Dios comienza a venir. Dios se manifiesta de acuerdo con cualquier atributo con el que usted lo declare.

¡El Rompedor de barreras ha venido!

¡Una de las maneras en las que Dios se está manifestando en la actualidad es como Rompedor! ¡Este es el cumplimiento de la profecía de Génesis 3:15 de la que hablamos en el capítulo 1 con respecto al aplastador de serpientes venidero! ¡Sí, el aplastador de serpientes es Jesús, el Rompedor! Él quebranta todos los poderes del maligno. A lo largo de las Escrituras vemos la naturaleza poderosa de Dios rompiendo barreras para su pueblo, todo ello presagiando que el Rompedor venía en Jesucristo. A través de la historia vemos que en las Escrituras anteriores a la venida del Rompedor, Jesús, a la tierra, los profetas anticiparon su venida y continuaron declarándolo durante los siglos: "¡Él vendrá! ¡Él vendrá!".

Por ello, ¡cuando lo entendemos a Él y lo declaramos como el Rompedor o el Señor del avance, esto lo atrae a nuestra situación como un imán! Jesús es el maestro del avance. ¡Él ha venido! ¡Él es quien los profetas predijeron!

> *Subirá el que abre caminos delante de ellos;*
> *abrirán camino y pasarán la puerta, y saldrán*
> *por ella; y su rey pasará delante de ellos, y a la*
> *cabeza de ellos Jehová* (Miqueas 2:13).

Podemos entender de este versículo y de Génesis 3:15 la profecía de que el Rompedor vendría. La NVI nos da una explicación adicional de este Rompedor. Miqueas 2:13 dice:

> *El que abre brecha marchará al frente, y*
> *también ellos se abrirán camino; atravesarán*
> *la puerta y se irán, mientras su rey avanza al*
> *frente, mientras el Señor va a la cabeza.*

Este versículo de la NVI afirma que el Señor nos abrirá el camino. ¡También dice que Él nos ayudará a avanzar preparándonos el camino por el cual atravesemos! Necesitamos un Rompedor, el Señor del avance, porque no podemos avanzar sin Él.

Debemos obtener esta revelación del Señor, que es el Rompedor, para alistarnos para el avance. Mi intención es fijar progresivamente esta idea de Él en su mente a lo largo de este libro. Una vez que recibimos revelación de quién es Él y de lo que Él ha revelado de sí mismo por los atributos y nombres que ha utilizado para identificarse, nos coloca en una mejor posición para romper barreras en nuestra vida.

Veamos este versículo de nuevo y examinemos lo que significa para usted y para mí, que el Rompedor, Dios, haya venido.

> *De cierto te juntaré todo, oh Jacob; recogeré*
> *ciertamente el resto de Israel; lo reuniré como*
> *ovejas de Bosra, como rebaño en medio de su*
> *aprisco; harán estruendo por la multitud de*
> *hombres. Subirá el que abre caminos delante*
> *de ellos; abrirán camino y pasarán la puerta,*
> *y saldrán por ella; y su rey pasará delante de*

ellos, y a la cabeza de ellos Jehová (Miqueas
2:12–13).

. En estos versículos las Escrituras hacen referencia a las
ovejas de Bosra y su aprisco, y a la manera en que el Rompedor va delante de ellas. El aprisco que se veía en los tiempos
bíblicos a menudo estaba hecho de piedra. En el interior de
estos apriscos se protegían las ovejas y eran llevadas por su
pastor para protegerlas. Esto sucedía especialmente de noche.
Incluso había veces en que el pastor se acostaba frente a la
única puerta del aprisco para saber si las ovejas intentaban
escapar, o si un depredador intentaba entrar. Al amanecer, el
pastor entraba al aprisco entre sus ovejas. Cuando amanecía,
a menudo las ovejas se reunían alrededor del pastor mientras
se preparaba para abrirles el camino para que salieran del
aprisco. Entonces abría la puerta abriéndoles el camino para
liberarlas del recinto de piedra. Tan pronto como el pastor
abría el camino para que las ovejas salieran, se reunían alrededor del pastor empujando con mucha fuerza. Esta es la
misma analogía que encontramos en el libro de Mateo con
respecto a aquéllos del Reino de Dios. *"El reino de los cielos
sufre [permite] violencia, y los violentos [se están esforzando
para] lo arrebatan"* (Mateo 11:12).

Los nacidos de nuevo en el Reino de Dios debemos tener
este mismo espíritu de avance que vimos en las ovejas de
Bosra. ¡Esto es especialmente cierto, ya que Jesús nos abrió el
camino y ahora necesitamos empujar y reclamar lo que nos
pertenece tal como las ovejas de Bosra!

Cuando el rebaño en el aprisco se abría camino, las
ovejas salían en tropel a través de la apertura junto con el
pastor quien las dirigía yendo al frente. Ellas seguían al pastor quien las dirigía hacia los pastos. ¡Esta es una excelente

imagen de la manera en que Jesús el Rompedor nos saca para prepararnos el camino con el fin de sacarnos de un lugar de confinamiento hacia los verdes pastos de la bendición! Otro ejemplo espiritual que nos ayuda a comprender mejor al Rompedor, Jesús, y a las ovejas de Bosra, lo podemos encontrar en el libro de Isaías 42:6–7 que dice:

> *Yo Jehová te he llamado en justicia, y te sostendré por la mano; te guardaré y te pondré por pacto al pueblo, por luz a las naciones, para que abras los ojos de los ciegos, para que saques de la cárcel a los presos, y de casas de prisión a los que moran en tinieblas.*

Este versículo nos muestra de nuevo que Jesús nos guía de la mano y nos libera como a las ovejas de Bosra. Nos lleva del lugar de esclavitud y nos abre el camino llevándonos a la victoria. Dios nos está diciendo algo acerca de estas ovejas de Bosra que se relaciona con los rompedores de barreras. La escritura en Miqueas referente a las ovejas de Bosra es muy importante por ser una imagen de liberación y del regreso de Jesucristo. También habla del avance, la victoria y la liberación de los que son ovejas del Reino de Dios. ¡La imagen del maravilloso Señor Jesús, el Rompedor, que necesitamos ver, es la de aquel que vendrá a liberar a su pueblo! Es por ello que el Espíritu Santo inspiró al profeta Miqueas a Declarar a Dios como el Rompedor, el que abre caminos.

Para poder entender mejor la imagen de lo que se nos muestra con respecto al avance, debemos estudiar la definición de la frase *el que abre caminos* en hebreo. El término hebreo para *el que abre caminos* es "parats" (porats). Que significa "avanzar, salir, abrir brecha, escapar, estallar, extender, impulsar, dispersar y crecer".[1]

Otras definiciones de *el que abre caminos* y *parats* son: "Abajo o encima, romper o abrirse camino del vientre o confinamiento, forzar la entrada, abrir de súbito o estallar (con violencia)".

¡Todas estas definiciones nos dan un mejor panorama de la manera en la que Dios el Rompedor obrará por nosotros!

Podemos verlo también cuando Jesús comenzó su ministerio y entró a la sinagoga, y leyó el libro de Isaías. Parecía una lectura inofensiva de la escritura, ¡pero era más que eso! ¡Él estaba declarando ser el Rompedor, el Ungido quien vino a romper toda barrera que enfrentaríamos! Por supuesto, los demonios de la religión en los escribas y fariseos no podían soportar que el Mesías, el Rompedor hubiera venido. A ellos no les gustaba que Él declarara el avance que vendría para su pueblo. Los fariseos y los demonios en ellos estaban tan enfadados de este anuncio, que realmente intentaron matar a Jesús. Lucas 4:28–30 dice:

> *Al oír estas cosas, todos en la sinagoga se llenaron de ira; y levantándose, le echaron fuera de la ciudad, y le llevaron hasta la cumbre del monte sobre el cual estaba edificada la ciudad de ellos, para despeñarle. Mas él pasó por en medio de ellos, y se fue.*

Ellos buscaron evitar que el Rompedor se manifestara e intentaron evitar el avance que Él estaba declarando que vendría. ¡Jesús estaba declarando tener la unción para el avance de usted y de toda la humanidad! Observe lo que el Rompedor, Jesús, declaró. ¡Declaró que abriría paso para usted! Lucas 4:18–19 dice:

> *El Espíritu del Señor está sobre mí, por cuanto me ha ungido para dar buenas nuevas a los pobres; me ha enviado a sanar a los quebrantados de corazón; a pregonar libertad a los cautivos, y vista a los ciegos; a poner en libertad a los oprimidos; a predicar el año agradable del Señor.*

Observe que cada uno de estos decretos del Rompedor tiene que ver con lo que enfrentamos espiritual, física y emocionalmente en la vida. ¡Eso abarca casi todo! La predicación del evangelio siempre tiene que ver con liberación y sanidad a la humanidad emocional, espiritual y físicamente, y lo hace realidad.

- Emocionalmente — sanidad a los quebrantados de corazón y libertad a los oprimidos.

- Espiritualmente — libertad a los cautivos.

- Físicamente — vista a los ciegos.

No debe sorprendernos que Dios sea el Rompedor y que se abra paso en cada área de nuestra vida. ¡Su naturaleza es la del avance! Se manifestó como Rompedor, como un guerrero que se enfrentó al faraón y todo su ejército sin ayuda. ¡Tal fue la derrota del faraón y su ejército que los hijos de Israel comenzaron a cantar, declarar y alabar al Señor, el guerrero!

Éxodo 15:1, 3–4 dice:

> *Entonces cantó Moisés y los hijos de Israel*
> *este cántico a Jehová, y dijeron: Cantaré yo*
> *a Jehová, porque se ha magnificado grande-*
> *mente; he echado en el mar al caballo y al*
> *jinete [...] Jehová es varón de guerra; Jehová*
> *es su nombre. Echó en el mar los carros de*
> *Faraón y su ejército; y sus capitanes escogidos*
> *fueron hundidos en el Mar Rojo.*

Ellos declararon esto porque Él es un guerrero. Esa es su naturaleza y Él es un hombre de guerra. Cuando el Señor regrese, Él es concebido como un guerrero poderoso, un Rompedor que establecerá su Reino para siempre y vendrá para reinar sobre las naciones. Él vendrá para hacer guerra y abrir paso para su pueblo (Apocalipsis 19). Esto debería servirle de ánimo al ver quién está peleando por usted. ¡Usted tiene al Rompedor, al Guerrero, al Señor Jesús mismo!

Permítame contarle una poderosa visión que tuve una vez. Sucedió durante un servicio de alabanza en la iglesia Lord of Hosts Church que pastoreo en Omaha, Nebraska. Estaba adorando a Dios de pie, cuando de pronto todo cuanto estaba frente a mis ojos cambió. Escuché un ruido como el de galope de caballos. Levanté la mirada y pronto estaba teniendo una visión espiritual. Vi un caballo grande, hermoso, poderoso y musculoso a unos pasos de mí. Vi los pies y las piernas del jinete, de manera que seguí subiendo la mirada, intentando ver quién montaba este magnífico caballo. De inmediato me di cuenta de que era Jesús vestido con lo que parecía ser un enorme penacho indio. Me miró y después arrojó una inmensa lanza emplumada justo a mis pies.

Debo admitir que esta visión, al igual que la que describí

anteriormente, en la que vi a Jesús vestido con uniforme de combate, confundió mi mente religiosa. Pensé: *¿Por qué Jesús vendría montando un caballo con un gran penacho de jefe indio?* Al poco rato de la visión, leí en la Biblia que Jesús era el Príncipe de los pastores. Primera de Pedro 5:4 dice: *"Y cuando aparezca el Príncipe de los pastores, vosotros recibiréis la corona incorruptible de gloria".*

Él es el Jefe. Él es Rey de todo, Señor de todo y Príncipe de todo. No estoy seguro de la razón por la que escogió el penacho de un jefe indio; ¡pero sé que Él es el Guerrero y Rompedor en Jefe!

Dios irrumpió en las tinieblas cuando ordenó que fuera la luz; y cuando nada era visible, Él lo hizo visible. ¡Él creó algo de la nada! Si Dios lo llevó a cabo cuando hizo todo lo creado, ¿cuánto más lo hará por usted? La tierra estaba oscura y vacía, ¡y Dios irrumpió! Esta misma condición de tinieblas y vacío puede asemejarse a la que usted está enfrentando. Recuerde, si Dios pudo abrir paso entonces, ¡Él lo hará ahora!

¡EL ROMPEDOR DEBE IR DELANTE DE NOSOTROS!

Si deseamos que el Señor irrumpa en nuestras tinieblas y vacío, o tener un avance completo; entonces debemos desarrollar el mismo espíritu de avance de las ovejas de Bosra de las que leímos previamente. Una vez más, esto viene al recibir y entender quién es el Señor y al declararlo como tal. Entonces necesitamos permitirle al Rompedor, el Señor mismo, ir delante de nosotros si queremos experimentar un avance. Examinemos de nuevo Miqueas 2:13: *"Subirá el que abre caminos delante de ellos".*

¡Observe que el Rompedor debe ir delante de nosotros!

¿Usted sabe por qué debe ir por delante? Eso significa que Él es quien irá delante en victoria, quitando todo obstáculo o barrera en nuestra vida. Él es el Dios del avance.

Él va delante de nosotros y prepara el camino, conduciéndonos hacia la victoria. Él se presentará en toda situación, porque Él es nuestro Rompedor, aquel que abre el camino por nosotros. Es crucial que le permitamos ir adelante y no intentar ir adelante de Él. Si le permitimos abrirnos paso, Él despejará el camino y nos conducirá hacia la victoria que deseamos. Él es como un bloqueador en un partido de fútbol americano abriendo camino a través de la línea defensiva. Los bloqueadores ofensivos abren huecos y debilitan a los oponentes, abriendo camino para que el que lleva la pelota gane yardas y haga una anotación. ¡Dios es como este bloqueador, ya que Él va adelante para que usted gane el juego de la vida!

El Rompedor comenzará a intervenir en todas las circunstancias de nuestra vida, pero debemos permitirle ir delante de nosotros. Es importante no adelantarnos, sino permitirle ir adelante para abrir el camino y poder pasar a través de él.

El rey David tuvo que aprender la importancia de conocer a Dios como el Rompedor y permitirle guiar el camino. Esto debía suceder si David quería tener la victoria sobre los filisteos.

Podemos verlo en 2 Samuel 5. Cuando los filisteos escucharon que David había sido hecho rey, decidieron intentar pelear con él en el valle de Refaim.

David, al escuchar al enemigo comenzó a preguntarle a Dios si debía atacarlos o no. El Señor le respondió que debía atacar. Esta dependencia del Señor le trajo la victoria a

David. También recibió revelación del Señor como el Señor del avance. Declaró que el Señor le entregó a sus enemigos y llamó a ese lugar Baal-perazim, que significa "el lugar del quebrantamiento".

> *Y vino David a Baal-perazim, y allí los venció David, y dijo: Quebrantó Jehová a mis enemigos delante de mí, como corriente impetuosa. Por esto llamó el nombre de aquel lugar Baal-perazim"* (2 Samuel 5:20).

Después de esta victoria, los filisteos atacaron de nuevo, y el Señor le ordenó a David hacer algo que es muy importante para nosotros cuando oramos y creemos que Dios traerá un avance. Dios le ordenó a David esperar hasta escuchar el sonido del viento soplar entre las balsameras. Cuando David escuchó este sonido, fue el signo de que el Rompedor había ido delante de él, conduciéndolo hacia la victoria (versículos 23–25). ¡La elección sabia de David al permitir al Rompedor ir delante de él lo llevó a otra gran victoria de avance!

Esto es exactamente lo que sucedió cuando el viento del Pentecostés en Hechos 2 vino. El viento era la señal de que Jesús iba delante de ellos y estaba sentado a la diestra de Dios. Más tarde significaría que Jesús no solamente había ido adelante y les había preparado el camino, sino que podían prorrumpir con el poder del Espíritu Santo que había sido derramado sobre ellos. Era una señal de que venía un avance y ya había llegado. Cuando los 120 oraron en el aposento alto, el viento y el estruendo vinieron como consecuencia del avance en los cielos. Sus oraciones hicieron que el Señor fuera delante de ellos y que el Espíritu Santo trajera el avance.

Sabemos esto por la palabra griega para esperar, *perimeno*, utilizada en Hechos 1:4.

> *Y estando juntos, les mandó que no se fueran*
> *de Jerusalén, sino que esperasen la promesa*
> *del Padre, la cual, les dijo, oísteis de mí.*

La palabra *peri* significa "atravesar la oscuridad" y la palabra *meno* significa "esperar expectante en un lugar". ¡Ellos habían orado y permitieron que el viento del Espíritu Santo irrumpiera!

A partir del informe de David podemos ver cuán importante es permitir que el Rompedor vaya delante de nosotros. Una de las maneras en las que podemos permitir que el Rompedor vaya delante de nosotros es con nuestra alabanza y adoración. Cuando alabamos al Señor, Él se mueve contra nuestros enemigos. Podemos ver esto en Jueces 1 cuando el Señor le ordenó a Josué enviar primero a la tribu de Judá a la batalla. Judá en hebreo significa "alabanza". Usted podrá entonces concluir: "¡Cuando se envía primero la alabanza, la batalla es ganada!". Judá fue primero y permitió que el Rompedor fuera adelante, y así le dio la victoria al pueblo una vez más. Esto sucedió de igual manera con Josafat y quienes estaban rodeados por el enemigo. Todo lo que Josafat tuvo que hacer fue enviar levitas alabando y adorando delante de él. Esto crearía un sonido que traería al Rompedor a escena. Cuando decidieron alabar a Dios, Él envió una emboscada contra el enemigo (2 Crónicas 20:22–23).

Moisés y el pueblo de Israel permitieron igualmente que el Rompedor fuera delante de ellos como una columna de nube en el día, y consecuentemente, los ejércitos de Egipto fueron completamente aniquilados en el cruce del Mar Rojo. ¡Ellos no volvieron a ver a sus enemigos! Sucedió también cuando Josué y el pueblo de Israel marcharon alrededor de los muros de Jericó. El Señor le dijo a Josué que Él iría delante de él como Príncipe del ejército y que le daría la victoria si le permitían ir delante de ellos. Se les ordenó marchar alrededor de los muros una vez al día durante seis días y al séptimo día marchar siete vueltas y gritar. ¡Eso da un total de 13 veces! A menudo se dice que el número 13 es de buena o mala suerte; sin embargo, ¡en este caso representa el número del avance! Ellos obtuvieron un avance porque permitieron que el Rompedor fuera delante de ellos.

Una vez más, la clave para romper barreras y recibir un avance es permitirle a Dios ir delante de nosotros, podemos ver el resultado en Isaías 45:2–3:

> Yo iré delante de ti, y enderezaré los lugares torcidos; quebrantaré puertas de bronce, y cerrojos de hierro haré pedazos; y te daré los tesoros escondidos, y los secretos muy guardados, para que sepas que yo soy Jehová, el Dios de Israel, que te pongo nombre.

¡Dios abre las cosas ante usted y endereza las cosas! Cuando buscamos a Dios en oración, en su Palabra y lo alabamos y adoramos, esto suelta un sonido que el Rompedor escucha y Él se mueve por usted. ¡Él viene como el Rompedor para traerle la victoria que necesita sin importar aquello que esté contra usted o cuán poderosos puedan ser los ataques en su contra! ¡La clave está en permitirle ir delante de usted al hacer su parte en alabarlo y buscarlo! ¡Busque al Rompedor y no siempre lo que el hombre pueda hacer!

PROGRESE EN LA REVELACIÓN DE AVANCE

Es muy importante entender verdaderamente quién es Dios y cómo elige manifestarse a sí mismo; especialmente cuando debemos conocer al Señor como el Rompedor. Es fundamental permitir que el Rompedor vaya delante de usted dirigiéndolo hacia el avance. Para poder hacer esto, se necesita que usted progrese continuamente en su búsqueda y entendimiento del Señor. Es por esto que David pudo vencer a Goliat, porque permitió que el Rompedor fuera por delante y progresó en la revelación de Dios como su victoria. Sabemos esto porque David progresó en la revelación de Dios antes de vencer a Goliat, y fue esta revelación la que le ayudó a avanzar. Recuerde las palabras de David antes de vencer a Goliat. ¡Él mencionó que previamente Dios había peleado por él matando al león y al oso! Primera de Samuel 17:37 dice:

> *Añadió David: Jehová, que me ha librado de las garras del león y de las garras del oso, él también me librará de la mano de este filisteo. Y dijo Saúl a David: Ve, y Jehová esté contigo.*

En este pasaje vemos cuán importante es entender y tener una revelación de Dios que no solamente sea unidimensional o limitada. Necesitamos que nuestra revelación de Dios se expanda y desarrolle.

Colocarse en la posición correcta para el avance es clave para obtener una revelación de Dios que no solamente se base en lo que otros han dicho. La revelación de Dios se desarrolla y crece al pasar tiempo con Dios, y se alinea con las Escrituras. Otra manera de recibir revelación es encontrar una buena congregación que crea en la Biblia, y un pastor que predique la Palabra de Dios y le permita al Señor manifestarse como lo hizo muchas veces, de muchas maneras, en las Escrituras. Es interesante observar que cuando Jesús nació en la tierra, Dios escogió pastores. ¿Por qué pastores? Creo que es porque son una sombra profética de la manera en que un buen pastor piadoso nos puede guiar hacia una revelación verdadera y divina de Jesús, que sea tanto fresca como progresiva. Dios utiliza a los pastores para hacernos crecer en el conocimiento y entendimiento del Señor. Esto, además, trae seguridad, porque cuando las personas piensan tener una revelación especial, todo incluido, pueden estar en peligro de ser engañadas. Necesitan una buena iglesia y un buen pastor que enfrente y equilibre sus creencias.

Jesús vino a la tierra de una manera distinta a la que esperaba Israel. Ellos no reconocieron a su Mesías y Libertador, porque tenían una mentalidad preconcebida de cómo debía venir. No podían permitirle a Dios que expandiera su entendimiento. Es interesante observar que cuando Jesús vino por primera vez a la tierra, nació en un comedero. Una vez más, muy distinto de lo que se esperaba. No parecía importante en absoluto, pero lo era porque Él era el Rey de reyes nacido para morir por todos. Cuando venga el momento de realizar un avance, puede no ser como lo esperamos o parecer del todo insignificante, de manera que no lo reconozcamos como un proceso de avance. Por ello el apóstol Pablo dijo que oraba por que la iglesia de Éfeso recibiera más revelación de Dios. Efesios 1:17 dice:

> *Para que el Dios de nuestro Señor Jesucristo, el*
> *Padre de gloria, os dé espíritu de sabiduría y*
> *de revelación en el conocimiento de él.*

Usted necesita recibir revelación de Dios para usted, si usted se convertirá en un rompedor de barreras exitoso. En Mateo 16 podemos ver que esto es verdad cuando Jesús les hizo una pregunta a sus discípulos con respecto a su identidad.

Mateo 16:13 dice: *"Viniendo Jesús a la región de Cesarea de Filipo, preguntó a sus discípulos, diciendo: ¿Quién dicen los hombres que es el Hijo del Hombre?"*. Lo que Jesús preguntaba se refería a lo que los hombres decían de él. En el versículo 14 vemos las diferentes respuestas de los discípulos: *"Ellos dijeron: Unos, Juan el Bautista; otros, Elías; y otros, Jeremías, o alguno de los profetas"*.

Sus respuestas bienintencionadas revelaron que en sus corazones y entendimiento no tenían una verdadera revelación de Jesús por sí mismos, sino que estaban basados en lo que otros decían. Jesús intentaba hacerlos progresar en su revelación de quién era Él y de lo que había venido a hacer. Sus respuestas no satisficieron a Jesús, no eran lo que Él buscaba. De manera que Jesús hizo una pregunta más directa que no tenía que ver con lo que los demás, decían, sino con la revelación que ellos tenían personalmente de Él.

> *"Él les dijo: Y vosotros, ¿quién decís que soy*
> *yo?"* (Mateo 16:15).

Una vez más, los discípulos podían citar lo que otros decían acerca de Jesús, pero no tenían una revelación propia. ¡Eso se asemeja a la gente de la actualidad! Solamente hubo un discípulo que tenía una revelación de lo que Jesús era para ellos; este discípulo era Pedro. Él era el único que había recibido una revelación por sí solo de Dios el Padre.

> *Respondiendo Simón Pedro, dijo: Tú eres el Cristo, el Hijo del Dios viviente. Entonces le respondió Jesús: Bienaventurado eres, Simón, hijo de Jonás, porque no te lo reveló carne ni sangre, sino mi Padre que está en los cielos* (Mateo 16:16–17).

Pedro tuvo que recibir una revelación de Jesús que no se basaba solamente en lo que otros habían revelado, sino una que llevaba un entendimiento personal. Su revelación, dijo Jesús, vino solamente porque el Padre se la reveló. No vino de carne y sangre. Esta revelación fue tan poderosa que Jesús dijo con respecto a esa revelación, o roca, que las puertas del infierno no prevalecerían contra ella.

> *"Y yo también te digo, que tú eres Pedro, y sobre esta roca edificaré mi iglesia; y las puertas del Hades no prevalecerán contra ella. Y a ti te daré las llaves del reino de los cielos; y todo lo que atares en la tierra será atado en los cielos; y todo lo que desatares en la tierra será desatado en los cielos"* (Mateo 16:18–19).

Jesús estaba diciendo que el diablo y sus demonios no pueden prevalecer contra la revelación que usted ha recibido para sí mismo acerca de Dios y de quién es Él realmente. Esto muy importante para el avance. Cuando obtenga esta revelación usted atará y desatará cosas en el cielo y en la tierra. Atar y desatar son acciones necesarias de revelación para traer un avance y romper las barreras de su vida. Esta revelación trae confianza para acercarse al trono de Dios con firmeza y confianza con una autoridad para romper toda barrera demoníaca en su contra. Al progresar en su revelación de Dios y desarrollar un mayor entendimiento de Él, usted puede romper las barreras del diablo.

La revelación que tuvo Pedro de Jesús no fue un evento único o solamente para ese momento. Él aún tenía que progresar en esta revelación de Jesucristo para poder abrirse camino con las llaves del Reino que le habían sido dadas. Él continuó con su revelación de Jesús, especialmente como sanador; ¡y entre más revelación recibía, mayores eran los resultados de avance!

- *Pedro en la puerta la Hermosa.* Un cojo permanecía diariamente en la puerta esperando recibir limosnas de Pedro y Juan. Hechos 3:6 dice: *"Mas Pedro dijo: No tengo plata ni oro, pero lo que tengo te doy; en el nombre de Jesucristo de Nazaret, levántate y anda".* Pedro utiliza el nombre de Jesús para ministrar al hombre. Le ordenó levantarse y caminar en el nombre de Jesús.

- *Pedro ora por un hombre llamado Eneas.* Hechos 9:33–34 dice: *"Y halló allí a uno que se llamaba Eneas, que hacía ocho años que estaba en cama, pues era paralítico. Y le dijo Pedro: Eneas, Jesucristo te sana; levántate, y haz tu cama. Y en seguida se levantó".* Lo siguiente que hizo Pedro progresando en la revelación de avance y sanidad fue utilizar el nombre de Jesús, como lo había hecho en el ejemplo anterior (y como lo podemos hacer nosotros para recibir nuestra sanidad), solamente declaró que Jesucristo había sanado a este hombre.

- *Pedro levanta de la muerte a una mujer llamada Tabita.* Hechos 9:40–41 dice: *"Entonces, sacando a todos, Pedro se puso de rodillas y oró; y volviéndose al cuerpo, dijo: Tabita, levántate. Y ella abrió los ojos, y al ver a Pedro, se incorporó. Y él, dándole la mano, la levantó; entonces, llamando a los santos y a las viudas, la presentó viva".* Y, finalmente la revelación había progresado tanto que Pedro habló con el mismo poder y autoridad de su Señor, Jesús. Él no dijo "en el nombre de Jesús" ni oró. Una vez más, si él solamente tuviera fe en el nombre y la oración, obtendría resultados; pero tuvo tal revelación de quién era Cristo y el poder puesto a su disposición, que solamente le dijo: "¡Levántate!". Funciona de igual manera para usted y para mí.

Todos aquellos quienes desean ser rompedores de barreras genuinos con resultados sobrenaturales necesitan seguir progresando en su fe. Se necesitará diligencia al buscar a Dios y permanecer pegado a su Palabra. Cuando pasamos tiempo con Dios somos cambiados y continuaremos progresando en nuestro entendimiento de Él, tan vasto como es. Segunda de Corintios 3:18 dice:

> *Por tanto, nosotros todos, mirando a cara*
> *descubierta como en un espejo la gloria del*
> *Señor, somos transformados de gloria en gloria*
> *en la misma imagen, como por el Espíritu del*
> *Señor.*

Observe que se trata de una revelación progresiva de Dios, de gloria en gloria. Es por esto que los ángeles que rodean el trono de Dios en el cielo nunca dejan de decir: "Santo, Santo, Santo es el Señor". Creo que ellos continúan haciéndolo porque cada vez que ven a Dios obtienen una revelación más grande de Él y su santidad. Si deseamos continuar progresando en nuestra revelación de Dios necesitaremos tener la voluntad de salir de nuestra comodidad en obediencia al Señor.

Personalmente estaba determinado a progresar en revelación y entendimiento de quién es Dios como Jehová-Rapha, el Señor nuestro sanador. Comencé a dar pequeños pasos para comenzar a orar por los enfermos y especialmente por los cojos. Medité en Jesús, nuestro sanador, y leí los muchos ejemplos de sanidad en las Escrituras que están a nuestro alcance en la actualidad. Me armé de fe y revelación de Dios después de varias semanas de poner la Palabra en mi corazón, y estuve listo para dar pasos más firmes en mi esfuerzo de orar por los enfermos. Mi esposa, Brenda, y yo, tomamos un crucero y decidimos bajar a tierra para ir de compras cuando el barco atracó. Entramos en una tienda y sucedió lo normal: mi esposa se emocionó cuando vio las cosas grandiosas que vendían, mientras que yo me desconecté inmediatamente y busqué el lugar más cercano para sentarme mientras ella compraba. No podía encontrar un lugar para sentarme, así que me quedé parado en el frente de la tienda. Inmediatamente me di cuenta de mi oportunidad para progresar en mi revelación de sanidad, ya que justo en frente de mí había un joven, probablemente de veintitantos o treinta y tantos, sentado en una silla de ruedas.

En mi mente comencé a hacer una estrategia para comenzar una conversación que me llevara a orar por él y levantarlo de la silla de ruedas. Comencé con cosas cotidianas, preguntándole de dónde era, y, para mi sorpresa, él vivía a unas millas de Omaha, donde yo vivía. Sentí gozo en mi corazón de que Dios hubiera acomodado las cosas con un hombre que vivía a unas millas de mi casa y estaba convencido de que Dios estaba planeando un milagro. Iba a permitir que el Rompedor fuera delante de mí e hiciera un milagro. La conversación fue progresando bien durante un tiempo y puedo decir que el hombre la disfrutaba. Progresé un poco más. Le dije a este hombre que yo era un pastor y que habíamos estado teniendo milagros poderosos de sanidad en nuestra iglesia. Después comencé a decirle que Dios sigue sanando y que a Él le gustaría hacer un milagro en su vida también. Estaba listo para entrar en acción y preguntarle si me permitía poner mi mano sobre él y orar para que se levantara de la silla. Estaba listo para ver que un hombre paralítico caminara, cuando de pronto, cuando estaba a punto de orar escuché que una mujer dijo: "¿Estás listo?". Giré para ver quién era; parecía que era su esposa, así que pensé: *Mejor me apresuro a orar por él.* Sin embargo, tan rápido como lo pensé, el hombre respondió: "¡Sí!", y se levantó de la silla de ruedas y salió de la tienda caminando. Me asombré y avergoncé tan pronto como me di cuenta de que mi avivamiento de sanidad había sido terminado por un hombre que no era paralítico. ¡Solamente estaba sentado en la silla de ruedas que estaba ahí por casualidad, mientras que su esposa compraba! Había caído redondito en la trampa y el hombre se había estado divirtiendo a mis expensas. Debo admitir que después de que eso sucedió, me sentí como un tonto, pero rápidamente me di cuenta de cuánto había progresado. ¡Ya estaba listo para ser valiente y orar por alguien en público para que se levantara de una silla de ruedas! En la actualidad, tener denuedo y ser dirigido por el Espíritu me ayuda más en lo que hago, especialmente en los milagros. Si no hubiera estado dispuesto a tomar el desafío y progresar, posiblemente no tendría el éxito que estoy viendo ahora por el Espíritu de Dios.

Muchas veces, las barreras más grandes que tenemos que romper están en nuestra propia mente. Cuando realmente comprendamos quién es Dios y cómo elige manifestarse en todas las generaciones; entonces comenzaremos a ver los avances que deseamos. Por ello existen tantas denominaciones distintas. Es muy importante tener la verdad presente de lo que el Espíritu Santo está hablando. Segunda de Pedro 1:12 dice:

> *Por esto, yo no dejaré de recordaros siempre estas cosas, aunque vosotros las sepáis, y estéis confirmados en la verdad presente.*

La razón por la que muchos no progresan es porque cada campo o denominación a menudo piensa que su revelación es la más correcta y relevante para la actualidad. Algunos no están dispuestos a cambiar o a tener una mayor revelación de Dios y su Palabra. Esto evita que el Rompedor progrese y traiga mayores avances. Muchas veces la revelación o su relevancia se basa en algo que vino hace generaciones. Esto con frecuencia evita que la gente progrese y avance en su entendimiento de Dios. No estoy diciendo que nos alejemos de las doctrinas básicas de nuestra fe cristiana o que las cambiemos, sino que no nos limitemos en nuestra revelación de Dios y su Palabra. Los escribas y fariseos nunca llegaron a la revelación o entendimiento de que Jesús era el verdadero Mesías. Sin embargo, ellos debieron hacerlo porque tenían más de la Palabra de Dios que los demás, ya que era parte de su educación religiosa.

De igual manera existen quienes se niegan a avanzar con la manera en la que Dios se revela a sí mismo porque quieren seguir apegados a lo antiguo. Cuando Jesús habló del odre viejo y el vino añejo se refería a los escribas y a los fariseos. Estaba diciendo que Dios estaba haciendo algo nuevo y relevante en la tierra, y que ellos no lograron progresar con Él. Esto sucedió también con Israel cuando Dios tuvo que decirles que dejaran de rodear el monte. Se la habían pasado rodeando el monte de Seir sin destino manteniendo una revelación de 40 años de antigüedad, y no estaban progresado. Dios estaba intentando que siguieran buscándolo, pero para hacerlo, una generación completa debía morir, de forma que Israel pudiera recibir su promesa. *"Y Jehová me habló diciendo: Bastante habéis rodeado este monte; volveos al norte"* (Deuteronomio 2:2–3).

Incluso cuando Dios se revela de una manera diferente a la que esperamos, su revelación se apega a las Escrituras. Debemos tener cuidado de no pensar que nuestra revelación es la verdad final y o la única que es correcta. Debemos ir de gloria en gloria y de fe en fe. Esto es lo que le decía Dios a Josué cuando le dijo que Moisés había muerto, pero que todo lugar que pisara Josué, Dios se lo daría (Josué 1:1–5). Dios nunca se le reveló a Moisés como el Príncipe de los ejércitos, pero sí lo hizo a Josué. Dios le decía a Josué: "Necesitas tomar lo que revelé y la manera en la que me revelé a la generación anterior con Moisés, y darte cuenta de que él está muerto. Posiblemente no te enfatice ciertas cosas como lo hice con Moisés. Sin embargo, Josué, medita día y noche en la Palabra que les di a ti y a Israel con Moisés, y progresa en la promesa de que les daré todo lugar adonde vayan".

¿Cómo recibe usted una revelación y un entendimiento mayores de Dios para ayudarlo a abrirse camino en su vida? Siempre comienza con una búsqueda de intimidad con Dios a través de la oración. Es esencial estar profundamente comprometido y enraizado en la Biblia para que le ayude a entender la naturaleza y carácter de Dios, como lo hemos visto en los diferentes ejemplos de las Escrituras. Necesitamos continuar buscando, estudiando y declarando quién es Dios. Nuestra hambre espiritual y la búsqueda de su corazón son vitales para comprenderlo. Basta con el corazón de Dios y no solamente con una revelación. Pedro tuvo una revelación de Dios que vino del Padre Celestial, mientras que la revelación de los demás discípulos se basó en lo que escucharon y no en su entendimiento personal.

Juan, uno de los discípulos de Jesús, no solamente tuvo una revelación, sino tuvo algo que fue más profundo y mucho más progresivo. Él tuvo una amistad íntima con Jesús que se mostraba al recostar su cabeza sobre el pecho de Jesús junto al latido de su corazón. Juan 21:20 dice: *"Volviéndose Pedro, vio que les seguía el discípulo a quien amaba Jesús, el mismo que en la cena se había recostado al lado de él, [...]"*.

¡Esto es significativo para convertirse en un rompedor de barreras, porque entre más profunda sean la relación y la revelación, mayor será el avance! Progresar en la revelación de

Dios es el fundamento y una necesidad para mejorar nuestra comprensión de Él. Debemos de continuo perseguir, escudriñar, presionar y buscar a Dios en nuestro corazón. Un buen ejemplo de lo anterior fueron Pedro y Juan al correr a la tumba vacía cuando escucharon que Jesús estaba vivo. Esto revela mucho acerca de la importancia de progresar con un hambre espiritual y una búsqueda de Dios para obtener el avance. La Biblia dice que Juan dejó atrás a Pedro. Juan 20:2–4 dice:

> *Y salieron Pedro y el otro discípulo, y fueron al sepulcro. Corrían los dos juntos; pero el otro discípulo corrió más a prisa que Pedro, y llegó primero al sepulcro.*

Físicamente hablando, posiblemente Juan corrió más rápido que Juan. Pero aquí hay un principio espiritual que no debemos pasar por alto. Juan tenía el corazón de Jesús, lo cual puede verse en la forma de recostarse en el pecho de Jesús; mientras que Pedro tuvo una revelación que había recibido del Padre Celestial. Hablando en sentido espiritual, aquel con el corazón de Dios siempre romperá barreras e irá delante de aquellos que solamente tienen, o están buscando simplemente una revelación de Él.

PROGRESE HASTA QUE VENGA EL AVANCE

Entre más progrese en su corazón, más conocerá al Dios del avance y se colocará en una mejor posición para tener éxito en abrirse camino.

Podemos ver en este capítulo y en las Escrituras que el avance puede ser progresivo. A menudo se asume que el avance por su propia naturaleza sucede inmediatamente y al mismo tiempo. Un ejemplo de esto es cuando David venció a algunos de los filisteos. Segunda de Samuel 5:20 dice: *"Quebrantó Jehová a mis enemigos delante de mí, como corriente impetuosa"*. A partir de esto, podríamos suponer de manera automática que los avances de victoria son inmediatos.

El *Diccionario Webster's* define un avance como:

> Un impulso ofensivo que penetra y lleva más allá de la línea defensiva en la guerra; o el acto o momento de franquear un obstáculo. Una mejora repentina, especialmente en el conocimiento o la técnica.[2]

También se define como un avance significativo o repentino, o un acto o momento de remover o franquear un obstáculo o restricción.

Estas definiciones implican que el avance puede ser repentino y significativo. Sin embargo, existe un progreso y un proceso para ello. Un avance a menudo es como un juego de fútbol americano. Celebramos la anotación y nos concentramos completamente en ella, en lugar de lo que tomó hacerla. Sí, la anotación fue repentina, pero, ¿qué hay de todas las jugadas y lo jugadores que llevaron hacia la anotación? Es un proceso progresivo. Los avances muy a menudo son considerados como inmediatos; como sentimos un gran alivio cuando vienen, nuestro enfoque está únicamente en el avance y no consideramos o recordamos el proceso que tomó llegar a él. Es por esto que muchos se desconectan o se rinden antes de recibir la victoria, porque esperan anotaciones o resultados inmediatos.

La palabra *progresivo* tiene un significado similar a palabras como: creciente, cada vez mayor, que se intensifica, acelera, aumenta, desarrolla y acumula. Todas ellas hablan del proceso de aumento, ya que a menudo aumenta, crece, se intensifica y desarrolla hasta que se acumula y explota. Una antigua historia que escuché cuando era pequeño es un buen ejemplo de esto y le ayudará a comprender mejor el avance y la manera en que el Señor prorrumpió como la fuerza de muchas aguas.

Posiblemente ha escuchado una historia similar. Comienza con un niño que vio un pequeño hueco en una presa. Se dio cuenta de que había un pequeño goteo saliendo del hueco. El niño de la historia metió su dedo al huevo para intentar detener el flujo del agua. Se dio cuenta de que la ciudad y la presa estarían seguras si él mantenía su dedo ahí. Sin embargo, si lo retiraba, a causa de la presión acumulada ¡la presa estaría en riesgo de explotar, la ciudad se perdería y se destruiría la presa! El niño salvó a la ciudad entera y a la presa.

¡La enseñanza de esta historia es que si el niño no hubiera detenido el goteo, pronto se hubiera convertido en una fuerte corriente, después en una corriente poderosa y de una corriente poderosa, a una inundación que destruiría todo a su paso!

El avance de las aguas a menudo empieza con una gotera. Esto fue lo que sucedió con David y la derrota de los filisteos. Progresó poco a poco entre David más obedecía al Señor, hasta que se convirtió en un avance asombroso como una inundación que se abre paso a partir de una presa. Pero no comenzó de esa manera, ¡comenzó con una semilla o con un goteo! De nuevo, el avance finalmente aumenta, se intensifica y acumula, ya que a menudo comienza pequeño y más tarde progresa. ¡Se acelera hasta que prorrumpe como el agua rompe una presa! Es importante comprender esto para que no tire la toalla y renuncie a mitad del proceso, especialmente cuando parece que no sucede nada. Puede ser que usted esté en las primeras etapas de su avance, ¡así que permanezca animado y no se rinda!

La victoria de David fue pequeña al principio y después creció hasta ser un avance asombroso, porque él no renunció y recibió una mayor revelación del Señor. Entendió que el Señor era "¡El Señor del avance!". Segunda de Samuel 5:20 dice:

> *Quebrantó Jehová a mis enemigos delante de*
> *mí, como corriente impetuosa. Por eso llamó*
> *el nombre de aquel lugar Baal-perazim* [Señor
> del quebrantamiento].

A lo largo de la Biblia vemos que Dios ayudó su pueblo, especialmente a aquellos que buscaban al Señor. Para algunos los avances fueron inmediatos, mientras que para otros, fue un proceso. En todos los casos de quienes lograron un avance hacia la victoria tuvieron que continuar permaneciendo y confiando en la palabra del Rompedor, que es Dios. Es importante comprender esto, especialmente cuando parece que el avance nunca vendrá. Recuerde todas las veces que Dios respondió por su pueblo en las Escrituras y cuando lo ha hecho en su propia vida. Algunas veces el avance no se manifiesta inmediatamente y depende de nuestra decisión de no abandonar el proceso de lo que Dios nos ha prometido. Cuando parece que nunca sucederá es cuando usted debe resistir más, porque Dios no miente, y nunca lo hará.

Él hará lo que prometió tanto en su Palabra como a usted por su Espíritu. Él necesita que usted crea en Él y le permita actuar en sus situaciones. Considere a aquellos que pudieron haberse rendido cuando parecía que nunca romperían ninguna barrera, y lo lograron, ¡usted puede hacerlo también!

¡Ellos tuvieron que mantener su fe y confianza en el Dios viviente y en lo que dijo!

- *Noé*. Progresó y salió adelante con una revelación de Dios y lo que el Señor le dijo aunque nunca se había hecho antes. Noé, después de ser perseguido por su generación (Vea Lucas 17), continuó progresando un año tras otro hasta que vino el avance en forma de lluvia.

- *Abraham y Sara*. Fue después de 24 años que vino el avance prometido, con respecto a tener un hijo (Isaac).

- *José en la prisión del faraón*. José logró avanzar muchos años después de su primer sueño, ¡aun cuando parecía que el sueño se había perdido! Pudo haberse rendido y olvidado al igual que otros, y, sin embargo, se asió de su sueño y recibió su avance.

- *Dios envió plagas a Egipto*. Cuando parecía que su pueblo nunca sería libre de la esclavitud o de su cautiverio, ¡envió plagas para liberarlos después de 400 años!

- *Moisés e Israel*. Cruzaron el Mar Rojo para recibir su tierra prometida. Sus murmuraciones y quejas no les permitieron avanzar y provocaron que su promesa se retardara.

- *Josué y el ejército de Israel ante los muros de Jericó.* Cuando parecía que había muros y barreras gigantes, ellos tuvieron que obedecer a Dios durante 7 días marchando alrededor de las barreras (o muros) de Jericó un total de 13 veces antes de que el rompimiento de las barreras (o avance) sucediera.

- *David y Goliat.* Goliat amenazó a Israel y se burló de él durante 40 días, y parecía que todo estaba en contra de los israelitas. ¡Dios trajo un avance con David que los llevó a triunfar con una gran victoria!

- *Josafat.* Su pueblo y él fueron rodeados por las multitudes de los moabitas y amonitas, y parecía que estaban en una situación desesperada. Pero Dios vino y trajo la victoria, tendiendo una emboscada (1 Crónicas).

- *Daniel en el foso de los leones.* Dios fue delante de Daniel y el Señor irrumpió a su favor, evitando que las bocas de los leones lo devoraran en el foso.

- *Un hombre en el estanque de Betsaida.* Obtuvo su avance después de 38 años de enfermedad; ¡recibió su avance en un momento de encuentro con el Señor del avance, Jesús! Él creyó en las palabras de Jesús y en un instante recibió el avance de sanidad.

- *Una mujer con un espíritu de enfermedad.* Estuvo encorvada durante 18 años antes de recibir su avance. Esto no quiere decir que Dios sana a algunos y otros deban esperar o no ser sanados. Esta mujer estuvo atada hasta que vino el Rompedor y la hizo libre. ¡Lo asombroso es que Jesús ya fue delante de nosotros en la cruz y pagó el precio por nuestro pecado y nuestras enfermedades para que podamos recibir el avance de sanidad ahora (1 Pedro 1:24)! ¡Ya estamos sanos!

Desde luego, no estoy sugiriendo que para romper barreras o prorrumpir en victoria, siempre deba tomar una eternidad o parecer serlo. Le estoy recordando la necesidad de perseverar hasta que venga el avance. A partir de los ejemplos dados, debemos ver la importancia de la determinación y la resistencia para traer al Maestro del avance a nuestra vida. Usted debe permitir que el Rompedor vaya delante de usted al permanecer firme y fiel a Él y a lo que le ha dicho.

Cuando usted comprenda que Dios es el Rompedor y que Él es el Señor del avance, debe permitirle ir delante de usted y preparar el camino como el pastor de Bosra. ¡Este progreso siempre lleva a una vida productiva de avances!

Notas

1. Blue Letter Bible. "Búsqueda de *breaker* (*Strong's 6555*)". Blue Letter Bible. 1996-2010. 10 de agosto de 2010. <http://www.blue letterbible.org/lang/lexicon/lexicon.cfm? Strongs=H6555&t=KJV>

2. "Breakthrough". *Merriam-Webster Online Dictionary*. 2010. http://www.merriam-webster.com (11 de agosto de 2010).

Capítulo tres

DETERMINADOS
A AVANZAR

Amargamente llora en la noche, y sus
lágrimas están en sus mejillas. No tiene
quien la consuele de todos sus amantes;
todos sus amigos le faltaron, se le volvieron
enemigos. (Lamentaciones 1:2).

E LLA LLORA EN la noche y lágrimas caen por sus mejillas.
Sus amigos también la han traicionado. Parece ser una persona que necesita un avance. Este versículo en Lamentaciones describe exactamente lo que una mujer de la Biblia, Tamar, sentía cuando deseaba tener un hijo, porque su esposo anterior había muerto. El sueño de muchas mujeres quienes eran parte del pacto con Israel era llevar en su vientre al Mesías prometido, el Rompedor profetizado en Génesis 3:15. Esta profecía declaraba que el Mesías saldría del vientre de una mujer

y vendría para aplastar la cabeza de la serpiente, el diablo. Y quien además sería el libertador supremo de Israel. El Señor puso en marcha el cumplimiento de la promesa al escoger a un hombre recto, Abraham, para que comenzara el linaje por el que vendría el Mesías. Dios le prometió que a través de su simiente o línea familiar serían bendecidas todas las naciones de la tierra, porque el Rompedor nacería de su linaje. El proceso para traer al Rompedor y aplastador de serpientes tendría que venir a través de Abraham, su hijo Isaac, su nieto Jacob y sus hijos después de ellos. Dios escogió a uno de los doce hijos de Jacob, llamado Judá, y sus descendientes para ser la familia de la cual vendría el Rompedor prometido, Jesucristo.

Sabiendo que esta era la promesa de Dios, usted puede imaginarse que muchas mujeres israelíes deseaban ser la escogida para llevar la semilla real.

Tamar era una de ellas y su historia se encuentra en Génesis 38. Ella era una viuda que deseaba un hijo y hubiera hecho todo por tenerlo. Podemos decir con seguridad que necesitaba un avance personal. Veremos que aunque sus métodos no eran los correctos de acuerdo con los estándares morales para tener un hijo, Dios la honró porque creyó en lo que le pertenecía y estuvo decidida a obtenerlo. Su determinación para tomar lo que le pertenecía, lleva en sí las verdades espirituales que necesitamos adquirir para dar a luz nuestro propio avance.

En necesidad de un avance

Para comenzar la historia de Tamar, diremos que era una joven judía quien se casó por medio de un acuerdo hecho por su suegro Judá. Ella deseaba tener hijos desesperadamente después de casarse con el primogénito de Judá, Er. Sin embargo, con gran desilusión ella no concibió. La Biblia dice que Er era un hombre malvado a los ojos del Señor, así que el Señor le quitó la vida.

Por la muerte de su esposo quien la dejó sin hijos, ella recurrió a la Ley del Levirato. En ese tiempo, ya que la mujer se consideraba básicamente como propiedad de la familia, esta ley establecía que las mujeres fueran dadas en matrimonio a un cuñado, si había uno. Este acuerdo incrementaba la posibilidad de que la línea familiar continuara. Aunque se estableció por escrito bajo la Ley de Moisés (Deuteronomio 25:5–10), esta ley relacionada con el matrimonio era aparentemente una práctica común mucho tiempo antes. Aunque no se conoce su origen, de acuerdo con la mayoría de eruditos, ha habido algunos que creen que era una práctica social común establecida para incurrir en el orden social y económico. Esta es evidentemente una consideración razonable, ya que fue lo que se puso en práctica automáticamente en el caso de Tamar.

Por lo tanto, por orden de su suegro Judá, Tamar pudo casarse con el segundo hijo de Judá, Onán. Sin embargo, en ese momento enfrentó un nuevo desafío con este esposo, Onán, hermano de su esposo difunto, Er. A Onán no le parecía este arreglo matrimonial porque sabía que el niño en realidad sería considerado como el hijo de su difunto hermano y no sería realmente suyo, y se rebeló, lo cual provocó que recibiera un juicio de parte de Dios semejante al de su hermano Er. La irá del Señor se debió a que Onán no quiso continuar la línea familiar aunque él no tenía duda de su importancia como parte de la herencia familiar de Abraham. Este juicio contra Onán provocó que él también muriera, ya que se negaba a ofrecer su simiente para continuar este linaje real que traería al Rompedor profetizado en Génesis 3:15.

El sueño de Tamar y su deseo por un avance para tener un hijo parecía perdido. Se había casado ya dos veces, ambos esposos habían muerto y ella no tenía hijos. Para una mujer judía, esto significaba la desgracia porque la gente pensaba que no tener hijos era un castigo de Dios. Con una determinación implacable, ella continuó esperando que la Ley del Levirato se aplicara para obtener el derecho legal de casarse con el tercer hijo de Judá, Sela. El único problema fue que ahora ella era una viuda mucho mayor que el tercer hijo de Judá, y por consiguiente, tendría que esperar hasta que él creciera lo suficiente para casarse y tener un hijo. Judá vio a su nuera, Tamar, como una mala inversión, ya que sus otros dos hijos habían muerto con ella. Pensó que ella tenía algo malo, así que no quiso poner en peligro a su último hijo, Sela, permitiéndole que se casara con ella (Génesis 38:11). La solución de Judá fue enviar a Tamar a casa de su padre, lo cual era humillante en la cultura de ese tiempo. Le explicó que debía permanecer ahí como viuda hasta que el tercer hijo creciera. Por supuesto, él lo sugirió con intención de engañarla. Pasó el tiempo y nunca pudo casarse con el tercer hijo, Sela, porque Judá nunca guardó su promesa de darle a su hijo para que pudiera tener un hijo (Génesis 38).

Posiblemente usted se ha sentido de la misma manera que Tamar: frustrado y como si el avance nunca fuera a venir. Ella deseaba un hijo, pero las circunstancias de la vida le traían cada vez más frustración. Aún determinada a hacer respetar sus derechos y tener un hijo, ella decidió entrampar a Judá como revancha por su engaño. Se disfrazó de prostituta, y disimulando su identidad cuidadosamente, fue a la ciudad donde escuchó que Judá pasaría. Vestida de prostituta atrajo a su suegro para tener relaciones sexuales con ella. Lo hizo porque no solamente se sentía traicionada y engañada, sino porque deseaba un hijo. Por supuesto, ella concibió y se embarazó. Suena a telenovela, ¿no?

Cuando llegó el momento de que Judá le pagara a Tamar como prostituta, no le ofreció dinero. En lugar de eso, le ofreció enviarle una cabra de su ganado. Debido a que él debía irse primero para traer la cabra, Tamar quería que le diera algo de valor como garantía de que realmente regresaría con el pago. Intentando hacerle una trampa, ella lo convenció de que le dejara su sello, su cordón y su báculo, que era su sello personal. Estos objetos tendrían su emblema o nombre grabados; tenían un gran valor personal y no solamente podía estar segura de que regresaría por ellos, sino que también podían probar que había estado con él.

Judá, buscando pagar y recuperar su sello, envió a su amigo a pagarle a la prostituta desconocida; pero cuando llegó, la prostituta ya no estaba. Tamar se había ido a casa sin decirle a nadie quién era o lo que acababa de hacer. Había quedado encinta y cumplido su objetivo de tener un hijo al engañar a su suegro Judá. Cuando los demás descubrieron que estaba embarazada sin haberse casado, la llevaron con Judá su suegro para obtener su sentencia disciplinaria, ya que ella era considerada de su propiedad. Judá la condenó inmediatamente a muerte en la hoguera (Génesis 38:20-26).

Tamar, quien ya tenía tres meses de embarazo, le mostró a Judá el sello, el cordón y el báculo que él le había dejado. Le dijo: "Del varón cuyas son estas cosas, estoy encinta". Entonces le pidió que viera el nombre escrito en ellas. Judá, confrontado por la evidencia no tuvo otra opción que aceptar que se había equivocado y que ella estaba dentro de la ley. Él admitió su pecado y que Tamar había sido más recta que él. Esto se debió a que ella tenía derecho legal de tener un hijo, pero se le había negado injustamente al no haber sido entregada al siguiente hijo de Judá, Sela. Tamar se salvó por su astuta treta y como resultado dio a luz gemelos de la semilla de Judá, llamados Fares y Zara (Génesis 38:27–30).

El final feliz de esta historia es que Tamar no solamente dio a luz a estos gemelos, sino que uno de ellos, Fares, se convirtió en un ancestro directo del rey David. ¡Más tarde encontramos que este es el linaje que finalmente traería al Rompedor, Jesucristo!

Ella fue una rompedora de barreras porque arriesgó todo, su vida y su reputación, para obtener lo que le pertenecía legalmente, obteniendo así su avance. El nacimiento de sus hijos fue su recompensa. En otras palabras, ¡podemos decir que Tamar dio a luz su avance!

Luche por su avance

Al igual que Tamar, usted también puede dar a luz su avance. A partir de esta historia podemos ver que Tamar estaba desesperada por su avance. A pesar de sus métodos, tomó lo que le pertenecía por derecho y Dios pudo operar mediante su espíritu rompedor de barreras. El Señor honró su fe en su derecho legal. En la actualidad, bajo el nuevo pacto en Cristo, nuestros métodos para obtener el avance son sujetos evidentemente a un estándar moral diferente que se muestra en la manera de vivir del Nuevo Testamento. Jesús vino a enseñar nuevos métodos de bondad fraternal, amor y moralidad muy diferentes a los de la mentalidad del Antiguo Testamento.

Sin embargo, lo que debemos imitar de Tamar es su actitud de avance: ella no se detendría hasta que sus promesas legales se manifestaran. Se asió de las promesas de la Palabra de Dios, bajo la Ley del Levirato, a pesar de un contratiempo tras otro. Si usted ha experimentado varios contratiempos después de intentar apropiarse de su avance, permítame animarle a no rendirse. La determinación de Tamar la llevó a uno de los avances más asombrosos registrados en las Escrituras, pero, ¿qué hubiera sucedido si se hubiera rendido? Ella no habría sido parte del linaje que dio a luz a Jesucristo.

Después vemos que cuando nacieron sus gemelos este espíritu de avance continúa. En el momento del parto, parecía que había una pelea en su vientre. El espíritu rompedor también se encuentra en uno de sus gemelos. Vea Génesis 38:27–30:

> *Y aconteció que al tiempo de dar a luz, he aquí había gemelos en su seno. Sucedió cuando daba a luz, que sacó la mano el uno, y la partera tomó y ató a su mano un hilo de grana, diciendo: Este salió primero. Pero volviendo él a meter la mano, he aquí salió su hermano; y ella dijo: ¡Qué brecha te has abierto! Y llamó su nombre Fares. Después salió su hermano, el que tenía en su mano el hilo de grana, y llamó su nombre Zara.*

Algo sucedió durante el parto. Uno de los niños extendió su mano por el canal de parto, haciendo que la partera tomara su mano extendida. Ella ató un hilo de grana en su muñeca, anunciando: "Éste salió primero" (versículo 28). Esto se hacía con el propósito de establecer la herencia de nacimiento del primogénito. Sin embargo, sucedió algo inusual. ¡El primer bebé de pronto retrocedió su brazo y su hermano gemelo empujó por el canal de parto antes que él y nació primero! ¡El niño que iba nacer después se convirtió en el primogénito, reclamando así la herencia! Durante la historia de los israelíes, tanto ellos como Dios daban gran importancia al primogénito, especialmente entre hijos varones, debido a que el primogénito heredaba el doble de herencia.

Parecía haber una lucha entre aquellos bebés por el derecho de herencia del primogénito. Parecía como si el espíritu de avance en el bebé que lo había empujado, hubiera visto la mano del hermano y dicho: "¡Claro que no, vuelva acá!". De manera que peleó por la herencia que recibió, su nombre también es mencionado primero en la genealogía de Jesucristo, ¡antes que su hermano! Dios guardó a aquellos que lucharon para traer el linaje del Mesías.

Así como con Jacob y Esaú, en el libro de Génesis, y ahora con una batalla similar por la bendición entre estos dos bebés, Dios mira a aquellos que se abren brecha para obtener la herencia.

Este presunto combate de lucha libre hizo que fueran llamados según su comportamiento en el proceso del parto. El niño que salió antes que su hermano fue llamado Fares, que significa "quebrantamiento". En las Escrituras, su nombre algunas veces es escrito como Perez o Fares. ¡Se le dio ese nombre por su agresiva insistencia en "abrirse brecha" del vientre delante de su hermano! (Génesis 38:29). Su hermano, quien sacó su mano primero con el hilo de grana fue llamado Zara.

Esta pelea de la Federación de Luchas Dentro del Vientre (la FLDV) entre los niños Zara contra Fares nos muestra que había una lucha por la bendición. Asimismo, revela que para recibir las bendiciones que le pertenecen en la vida, usted debe poseer un espíritu de avance, como Fares. Cuando este bebé salió, la partera dijo que se había abierto una brecha. ¿Qué significa esto? Cuando la partera dijo que este nacimiento había abierto una brecha o hueco, ella quería decir que se había creado un espacio semejante a cuando un ejército prorrumpe a través de los muros de la fortaleza del enemigo y deja un hueco en sus defensas. Ella estaba describiendo un espíritu guerrero. Esto lo vemos claramente ilustrado en la vida de David.

En 2 Samuel 5, Dios, el Señor del avance, trae una victoria de avance a David. Segunda de Samuel 5:20 dice:

> *Y vino David a Baal-perazim, y allí los venció David, y dijo: Quebrantó Jehová a mis enemigos delante de mí, como corriente impetuosa. Por esto llamó el nombre de aquel lugar Baal-perazim* [Señor del quebrantamiento].

Esta victoria fue tan poderosa que David llamó el lugar Baal-perazim, que significa "Señor del quebrantamiento". El sitio de la victoria de David sobre los filisteos y la gran destrucción de sus imágenes también es llamada "Monte Perazim". La palabra *Peraz* o *Perazim* es la misma palabra que el nombre Fares que significa "avance". La raíz de la palabra Perez o Fares en hebreo es *parats*. En el capítulo anterior hablamos acerca de la palabra, ya que de ahí obtuvimos la palabra "rompedor, o el que abre caminos". ¡Esto ayuda a revelar cuán profético fue el nacimiento de Fares y la manera en la que anticipó la venida del Rompedor, Jesús, a través de su linaje!

El tipo de avance que Dios busca es como el de Fares y el rey David, e incluso como el de Jacob cuando tomó la primogenitura de Esaú. El avance de Dios es semejante al poder del agua en una presa. Es con una corriente impetuosa y un gran poder, como cuando el Espíritu Santo llegó en forma de un viento poderoso e impetuoso en Hechos 2.

Por otra parte, hay muchos quienes no tienen un espíritu rompedor de barreras de este tipo. Veamos de nuevo a Fares y a su hermano gemelo Zara. Extender primero la mano fue la imagen de alguien que quiere una limosna o tiene una mentalidad limosnera. Ellos quieren sus derechos de primogenitura, pero no quieren pelear por ellos. Quieren avanzar y esperar recibir la herencia que les corresponde ya que su mano está afuera, como lo hizo Zara, deseando y esperando una bendición sin esfuerzo. No hay nada malo con querer bendiciones, pero muchos nunca intentan poseer un espíritu rompedor de barreras que llame la atención de Dios, o haga que el Rompedor venga y vaya delante de ellos. Ellos quieren lo que parece ser la opción más fácil, con el mínimo esfuerzo; y normalmente quieren que otros hagan el trabajo para que ellos obtengan el avance. Ellos prefieren que otros hagan cosas como orar por ellos, aconsejarlos y asirse de Dios por ellos.

El nombre Zara significa "este, amanecer y brote". Su nombre significa también "surgimiento" y se deriva de la palabra hebrea *zerach*, que significa "alba". Esto describe de igual manera a muchos cristianos. Ellos tienden a buscar siempre un nuevo día soleado o una pausa en la oscuridad que están enfrentando. Quieren sus bendiciones y desean que las cosas surjan frente a ellos. No hay nada malo con eso, porque debemos desear todo y que las cosas mejoren. Sin embargo, ¡el problema es que estamos esperándolo sin hacer lo necesario para manifestar un avance (Fares) primeramente! Si queremos un avance, esto a menudo requiere trabajo y dedicación. ¡La persona que no se rinda, será quien obtenga la bendición! Debemos estar dispuestos, como Fares y Tamar, a pelear y luchar por nuestro avance con expectación y determinación.

UN ESPÍRITU DETERMINADO

Un espíritu de expectación y determinación llamará la atención de Dios y hará que Él nos abra camino. Este rompedor de barreras, Fares, como lo hemos ya mencionado era del linaje de Jacob, su abuelo. Para ver realmente la importancia de este rompedor de barreras necesitamos ver más de cerca el ADN transmitido de su abuelo. ¿Recuerda cómo también le quitó la primogenitura a Esaú (Génesis 25:29–34)? A partir de esto, descubriremos que esto representa un avance para aquellos que están en Cristo porque este linaje rompedor de barreras que comenzó con Dios el Padre es transmitido hasta el nacimiento de Jesús. Aquellos que están en Cristo ahora son partícipes de este espíritu de avance, porque ahora se han hecho partícipes de su naturaleza divina. Segunda de Pedro 1:4 dice: *"Por medio de las cuales nos ha dado preciosas y grandísimas promesas, para que por ellas llegaseis a ser participantes de la naturaleza divina […]"*. Su naturaleza divina es la del avance y es por eso que Él escogió venir del cielo a través de un linaje terrenal con ese mismo espíritu.

Así como el nacimiento de su nieto, el nacimiento de Jacob también fue profético con respecto al Rompedor (Jesús). Los profetas continuaron profetizando que este Rompedor vendría. El diablo temía las palabras de los profetas a este respecto y llevó a muchos a la muerte a manos de gente religiosa y malvada que despreciaba el espíritu rompedor de barreras. Como dijimos anteriormente, si él hubiera sabido el misterio del Rompedor, no habría crucificado al Señor Jesucristo.

Dios estaba buscando a aquellos, en el pacto que hizo con Abraham y su simiente, que llevarían este espíritu de avance. Al igual que los gemelos de Tamar, Jacob y Esaú tuvieron una historia similar. Ellos también lucharon en el vientre al momento de su nacimiento. Génesis 25:22-24 dice:

> *Y los hijos luchaban dentro de ella; y dijo: Si es así, ¿para qué vivo yo? Y fue a consultar a Jehová; y le respondió Jehová: Dos naciones hay en tu seno, y dos pueblos serán divididos desde tus entrañas; el un pueblo será más fuerte que el otro pueblo, y el mayor servirá al menor. Cuando se cumplieron sus días para dar a luz, he aquí había gemelos en su vientre.*

Esto nos indica cuán seria era la promesa del Rompedor y de sus derechos de primogenitura concernientes a ella. En este vientre vemos una lucha entre Jacob y Esaú, otra lucha profética en un vientre por la herencia como la de Zara y Fares. ¿Se da cuenta de cómo nació Jacob? Él nació de un presagio profético. Génesis 25:26 dice: *"Después salió su hermano, trabada su mano al calcañar de Esaú; y fue llamado su nombre Jacob".*

Este bebé, Jacob, nos anticipaba una verdad profética al asir el calcañar de su hermano Esaú. ¡Estaba guiando el camino para lo que su nieto Fares haría finalmente! Estaba mostrando un misterio profético del Rompedor y del pueblo rompedor de barreras llamado la Iglesia de Dios que vendría.

Encontramos una parte de esta imagen profética en el hecho de que Jacob se asiera del calcañar de su hermano al nacer. ¿Por qué el calcañar? Primero, era otro recordatorio de la profecía concerniente al Rompedor (Jesús) quien vendría a través del vientre de una mujer cuyo *calcañar* sería utilizado para aplastar al enemigo. Génesis 3:15 dice:

> *Y pondré enemistad entre ti y la mujer, y entre*
> *tu simiente y la simiente suya; ésta te herirá en*
> *la cabeza, y tú la herirás en el calcañar.*

Cuando Jacob tomó el calcañar de su hermano, fue como si Dios dijera: "¡Como tú has tomado el calcañar de tu hermano, yo, el Rompedor vendré a través del linaje de Jacob hasta el nacimiento de mi Hijo, el Rompedor Jesucristo, nacido a través de una joven llamada María!". Una vez más, Dios buscó a aquel que se asiera, peleara por sus derechos y poseyera un espíritu rompedor de barreras. Él estaba buscando al niño que se colocara en la posición de continuar el linaje que traería al Rompedor supremo. Sabemos que Jesús el Rompedor aplastó completamente la cabeza de la serpiente y lo hará de nuevo. Romanos 16:20 dice:

> *Y el Dios de paz aplastará en breve a Satanás*
> *bajo vuestros pies. La gracia de nuestro Señor*
> *Jesucristo sea con vosotros.*

¿Alguna vez se ha preguntado por qué la Biblia dice que Dios amó a Jacob y odió a Esaú? Malaquías 1:2-3 dice:

> *Yo os he amado, dice Jehová; y dijisteis: ¿en*
> *qué nos amaste? ¿No era Esaú hermano de*

> *Jacob? dice Jehová. Y amé a Jacob, y a Esaú*
> *aborrecí [...].*

Fue porque Jacob tenía la misma determinación que mostró en su nacimiento al asir el calcañar de su hermano y ganar la primogenitura, lo cual estaba anunciando el espíritu rompedor. Aunque Jacob utilizó el engaño, como Tamar, para obtener la primogenitura de su hermano, esto llevó a Dios a honrarlo porque Esaú prefería satisfacer su carne con un plato de sopa en lugar de respetar y pelear por su primogenitura. Hebreos 12:16–17 dice:

> *No sea que haya algún fornicario, o profano,*
> *como Esaú, que por una sola comida vendió*
> *su primogenitura. Porque ya sabéis que aun*
> *después, deseando heredar la bendición,*
> *fue desechado, y no hubo oportunidad para*
> *el arrepentimiento, aunque la procuró con*
> *lágrimas.*

La razón por la que el Señor no honró a Esaú fue porque él no honró la primogenitura. Después de todo, sería esta primogenitura la que continuaría y ayudaría a traer al Rompedor y el espíritu rompedor a la tierra. Esaú no respetó esa promesa, por lo tanto, Dios tampoco respetó a Esaú. El Señor permitió que le fuera quitada y dada a Jacob, quien estaba determinado. Una vez más, necesito reiterar que no debemos defraudar a la gente para lograr nuestros avances, como la gente del Antiguo Testamento, porque Jesús, el Rompedor supremo, impuso un estándar diferente. Sin embargo, debemos llevar el espíritu de avance. Si vamos a poseer esta primogenitura y herencia del Rompedor, Jesús, del cual somos coherederos, entonces debemos levantarnos y tomar lo que nos pertenece por fe. Romanos 8:16–17 dice:

> *El Espíritu mismo da testimonio a nuestro espíritu, de que somos hijos de Dios. Y si hijos, también herederos; herederos de Dios y coherederos con Cristo, si es que padecemos juntamente con él, para que juntamente con él seamos glorificados.*

¡Así como Jacob se asió del calcañar de su hermano, nosotros necesitamos asirnos de nuestra herencia que está en Cristo nuestro Señor y hermano mayor! Hebreos 2:11–12 dice:

> *Porque el que santifica y los que son santificados, de uno son todos; por lo cual no se avergüenza de llamarlos hermanos, diciendo: Anunciaré a mis hermanos tu nombre, en medio de la congregación te alabaré.*

Esto quiere decir que tenemos y debemos apoderarnos de nuestra fe, este mismo espíritu rompedor de barreras de Jacob y poseer la herencia que nuestro hermano mayor, Jesús, nos ha dado. No podemos ser como Esaú y vivir nuestra vida cristiana desperdiciando nuestra herencia y satisfaciendo constantemente nuestros apetitos carnales, y nunca levantarnos con un espíritu rompedor de barreras.

Esta naturaleza luchadora y de avance de Jacob lo calificaba, a los ojos de Dios, para llevar el linaje que manifestaría al Rompedor. Dios observó el nacimiento de Jacob tal como lo hizo más tarde con Fares para ver cuál de los hijos tendría una determinación y un espíritu de avance, porque eso es lo que se necesita para heredar las promesas. De modo interesante, fue Jacob quien produjo a las doce tribus de Israel y perpetuó el espíritu de avance en Fares y sus descendientes. Este linaje, como lo dijimos anteriormente, lleva al nacimiento de Jesucristo, de acuerdo con Mateo 1. Observe que se menciona tanto a Jacob como a Fares, y mire a quién se menciona en estos últimos versículos. ¡Es Jesucristo, quien es también el cumplimiento de la semilla profética de Génesis 3:15!

Mire Mateo 1:2-6 y 16:

> Abraham engendró a Isaac, Isaac a Jacob, y Jacob a Judá y a sus hermanos. Judá engendró de Tamar a Fares y a Zara, Fares a Esrom, y Esrom a Aram. Aram engendró a Aminadab, Aminadab a Naasón, y Naasón a Salmón. Salmón engendró de Rahab a Booz, Booz engendró de Rut a Obed, y Obed a Isaí. Isaí engendró al rey David, y el rey David engendró a Salomón de la que fue mujer de Urías [...] y Jacob engendró a José, marido de María, de la cual nació Jesús, llamado el Cristo.

El espíritu de avance no solamente estuvo en Jacob cuando asió del calcañar a su hermano, sino también cuando de mayor peleó por la bendición en Betel.

> Así se quedó Jacob solo; y luchó con él un varón hasta que rayaba el alba. Y cuando el varón vio que no podía con él, tocó en el sitio del encaje de su muslo, y se descoyuntó

el muslo de Jacob mientras con él luchaba.
Y dijo: Déjame, porque raya el alba. Y Jacob
le respondió: No te dejaré, si no me bendices.
Y el varón le dijo: ¿Cuál es tu nombre? Y él
respondió: Jacob (Génesis 32:24-27).

En esta narración, Jacob tuvo que pelear por su avance para que su bendición viniera. De nuevo, este es el mismo espíritu impartido en el ADN del hijo de Jacob, Judá. Más adelante en este libro veremos más de cerca que el nombre de Judá significa alabanza en hebreo. La alabanza es importante si queremos disfrutar una vida de avance. ¡Fueron Judá y su tribu quienes debían ir primero en la batalla para abrir brecha e irrumpir, de manera que la batalla fuera ganada! La alabanza crea una brecha o hueco en las defensas del enemigo.

Este espíritu rompedor que se profetizó vendría como un aplastador de serpientes, vino de la simiente de Jacob hacia su hijo Judá, y después hacia Tamar y el hijo de Judá, Fares, ¡pero no se detuvo ahí! La Biblia dice que el rey David designó capitanes con el mismo espíritu rompedor. Uno de estos guerreros vino de la línea familiar de Fares. Primera de Crónicas 27:3 dice: *"De los hijos de Fares, él fue jefe de todos los capitanes de las compañías del primer mes"*. Él tuvo muchos descendientes de su línea sanguínea quienes eran hombres rompedores de barreras y valientes. Nehemías 11:6 dice: *"Todos los hijos de Fares que moraron en Jerusalén fueron cuatrocientos sesenta y ocho hombres fuertes"*. ¡No es de sorprenderse por qué Dios escogió a Jacob y a Fares!

Esto arroja una luz muy interesante sobre el Rompedor que viene a abrir camino por el remanente de Israel, como las ovejas de Bosra de las que hablamos en el capítulo 2. Observe que Dios dijo que reuniría al remanente de Jacob. La razón es que por el espíritu rompedor de barreras que Dios estaba desarrollando y el Rompedor prometido que estaba por venir. El rey vendría a abrir brecha por ellos y juntos abrirían camino con Jesús, el Rompedor. Veamos de nuevo el versículo que leímos en el capítulo 2.

> De cierto te juntaré todo, oh Jacob; recogeré ciertamente el resto de Israel; lo reuniré como ovejas de Bosra, como rebaño en medio de su aprisco; harán estruendo por la multitud de hombres. Subirá el que abre caminos delante de ellos; abrirán camino y pasarán la puerta, y saldrán por ella; y su rey pasará delante de ellos, y a la cabeza de ellos Jehová. (Miqueas 2:12–13).

Este espíritu rompedor con una actitud "persistente" de Jacob, Tamar y Fares, también se encuentra en muchos de sus descendientes. Veamos algunos ejemplos de Fares y sus descendientes en las Escrituras.

• Fares (Farez/Perez): su nombre significa "avance, brecha, prorrumpir".

• Fue a partir de Fares que vino la línea real de David (Ruth 4:12, 18–22).

• Los descendientes de Fares fueron los jefes de todos los capitanes de los ejércitos de David (1 Crónicas 27:3).

Cuatrocientos sesenta y ocho de los "hijos" de Fares, es decir, descendientes, volvieron de la cautividad con Zorobabel. Zorobabel también era descendiente de Judá y Fares (1 Crónicas 9:4, Mateo 1).

- Fares está registrado en la genealogía de Jesucristo (Mateo 1:3, Lucas 3:33).

Cuando la Biblia habla de los descendientes de Fares, lo hace en el contexto del mismo espíritu de avance. La razón por la que Dios escogió a Jacob y a Fares fue por su espíritu de avance.

Aunque el bebé llamado Jacob quien se asió del calcañar de su hermano, y el bebé que abrió brecha, Fares, mostraron un espíritu de avance que Dios buscaba, no significa que Zara o Esaú eran bebés malos o que hubieran hecho algo malo. Después de todo, solamente eran unos bebés. Sin embargo, lo que representan es algo que a menudo indica el tipo de espíritu que poseemos primero cuando enfrentamos problemas, ya que el nacimiento habla de comienzos. Esaú y Zara representan a aquellos que no reaccionan con un espíritu de avance al principio cuando la oportunidad está ante ellos.

BUSCANDO UNA LIMOSNA

Como Zara, todos nosotros debemos resistir la tentación de acercarnos a Dios con nuestra mano extendida sin un espíritu de avance. Este tipo de mentalidad es para muchos la primera reacción. Las primeras reacciones pueden ser muy importantes porque son como semillas: una vez plantadas, las semillas progresan. Cuando surge un problema en su vida, usted puede relajarse y llorar, esperando que algo funcione o puede contraatacar. Muchos no lo logran porque no contraatacan.

Este tipo de mentalidad me recuerda cuando me dediqué a luchar en mi juventud. En una ocasión peleé contra un niño que no contraatacaba. Mi adversario parecía atemorizado y simplemente se tendió sobre la lona, mientras yo intentaba hacerle diferentes llaves. El entrenador y el resto del equipo gritaron todo el tiempo "¡Vamos, pescado, haz algo!". Esta frase se utilizaba para referirse a un oponente que no hacía nada para contraatacar sino que solamente aleteaba como un pez. Ellos comparaban a mi adversario con la manera en la que reacciona un pez fuera del agua. El pez se tiende en la arena sin poder hacer nada, sin armas ofensivas y solamente aletea sin parar. Esto describía perfectamente a mi oponente. Gané el combate porque mi oponente no estaba determinado para contraatacar y no tuve que luchar con él para ganar.

Esta es la mentalidad de lucha de muchos que quieren bendiciones y avance. Continúan permitiendo que su adversario, el diablo, los arruine sin hacer nada contra eso, a excepción de un aleteo, mientras que todas las huestes del infierno gritan y se burlan: "¡Haz algo, pescado (u oveja)!". Después, hay quienes esperan y desean bendiciones, pero se rinden por miedo al igual que mi adversario de combate de la juventud. Ellos se inscriben en el equipo del cristianismo esperando ser rompedores de barreras y tienen bendiciones de avance, pero están temerosos y tienen mucha flojera para levantarse y actuar. Ellos esperan que las cosas les sean dadas en la mano, porque son del equipo, pero se sienten intimidados por el desafío o no están dispuestos a luchar por él. Recuerde, si usted quiere ser un rompedor de barreras, requerirá esfuerzo, determinación y trabajo.

El hecho de que Zara solamente haya sacado el brazo durante el parto parece una cosa pequeña e insignificante, ¿no? Sin embargo, para Dios no lo fue, porque eso descalificó a Zara del derecho de primogenitura. Lo sabemos porque su nombre se menciona después del de Fares en el linaje de Jesús, y los descendientes de Fares se mencionan después de su nombre, pero los descendientes de Zara no son mencionados. Mateo 1:3 dice: *"Judá engendró de Tamar a Fares y a Zara, Fares a Esrom, y Esrom a Aram"*. También nos habla proféticamente, de un espíritu y mentalidad con determinación que muchos cristianos no tienen. Es por esto que me refiero a ellos como cristianos "a la Zara". Estos son cristianos quienes, como Zara, les gusta sacar los brazos y casi siempre tienen alguna necesidad. Ellos viven sus vidas por lo que puedan obtener y siempre buscan ayuda. Los cristianos a la Zara no quieren trabajar para su avance. En lugar de eso, siempre estiran su brazo esperando que otros los ayuden y bendigan. Es lo que podemos llamar una mentalidad de mendigo, ya que siempre esperan bendiciones sin luchar por ellas. Este tipo de espíritu y mentalidad ha herido a muchas iglesias que intentan construir y avanzar en el Reino. Estos cristianos tipo Zara vienen a la iglesia por lo que puedan obtener o recibir, en lugar de lo que puedan dar. Ellos no dan nada para que se cumpla la visión, pero constantemente extraen de ella sin diezmar, dar o servir; ellos no están comprometidos y siempre buscan que el pastor les dedique tiempo y su bendición.

Muchas veces he visto gente que quiere que yo invierta mucho en ellos y los bendiga, les profetice, ore por ellos y les sirva. Sin embargo, ellos no hacen nada o muy poco para mostrar que intentan bendecir a alguien a cambio.

Este tipo de mentalidad a la Zara a menudo tiene un estilo de vida y motivación carnal. Ellos no consideran ser rompedores de barreras o ayudar a otros para abrir brecha. En lugar de eso, buscan atención y acumulan sus propias bendiciones. Podemos ver cuán real y frecuente es esto en muchas iglesias al observar el porcentaje de personas que asisten a las reuniones de oración, contra el porcentaje de personas que asisten a reuniones sociales en la iglesia. Los números son dramáticamente menores en la oración y siempre son más altos para la satisfacción de la carne. Peor aún, muchas iglesias no consideran la oración como una prioridad por la falta de compromiso. Esto se debe principalmente a una mentalidad de auto búsqueda y de mendicidad en estos cristianos a la Zara. Este comportamiento carnal buscador de dádivas a menudo tiene motivos egoístas e incluso puede llevar a ceder.

Esto fue lo que sucedió con los descendientes de Zara. Comenzó un linaje de gente que no ayudó ni apoyó a Israel, sino que también extendió su brazo. El resultado final fue que muchos sufrieron en el campamento de Israel por ello. Podemos ver esto en la historia de un hombre llamado Acán. No debería sorprendernos que él era en realidad un descendiente de Zara. Josué 6:18 dice:

> *Pero vosotros guardaos del anatema; ni toquéis, ni toméis alguna cosa del anatema, no sea que hagáis anatema el campamento de Israel, y lo turbéis.*

Todo el campamento sufrió por causa de Acán. Él extendió su mano y tomó algo que Dios dijo que estaba maldito. Josué 7:1 dice:

> *Pero los hijos de Israel cometieron una*
> *prevaricación en cuanto al anatema; porque*
> *Acán hijo de Carmi, hijo de Zabdi, hijo de*
> *Zera, de la tribu de Judá, tomó del anatema;*
> *y la ira de Jehová se encendió contra los hijos*
> *de Israel.*

Dios les dijo a Josué y a Israel que no tomaran del anatema después de atacar Jericó, pero Acán no escuchó. El bisnieto de Zara extendió su brazo. En ambos casos, habla de aquellos quienes siempre extienden su brazo, no por razones divinas sino para satisfacer su carne como Esaú. Esto habla también de los cristianos que poseen una mentalidad y espíritu de componenda y comportamiento carnal.

No es difícil distinguir la diferencia entre la generación de Zara y la de Fares. Fares, el hijo del avance, tiene bendición en sus generaciones con muchos rompedores de barreras quienes continúan las generaciones hasta David (Ruth 4:18). ¡Sin embargo, en las generaciones de Zara encontramos a su bisnieto Acán, el jefe, extendiendo su brazo como su bisabuelo Zara, y ambos fueron excluidos por el Señor!

¿MENTALIDAD DE MENDICIDAD O ESPÍRITU DE AVANCE?

¿Qué podemos aprender de Zara y de Fares? Podemos aprender que nosotros también tenemos una lucha dentro de cada uno de nosotros. Es la lucha de nuestra carne contra el espíritu de lo bueno contra lo malo, y ya sea un espíritu de avance o uno pasivo. Debemos decidir tener un espíritu de avance y resistir la mentalidad de mendicidad, codependiente, deprimida y autoconmiseración, especialmente cuando no parecemos recibir respuestas a las oraciones o un avance de parte del Señor. Una mentalidad de mendicidad, como la de Zara, normalmente no recibe un avance, sino lo obtienen aquellos que se niegan a rendirse, como Fares. ¡Aquellos que pelean, luchando por un avance, obtienen la atención del Señor! Fueron Fares y Jacob, por su espíritu de avance y determinación, quienes obtuvieron la atención de Dios y finalmente obtuvieron una bendición mayor. No debemos espera recibir bendición o avance si vivimos en componendas como Acán. Proverbios 28:13 dice: *"El que encubre sus pecados no prosperará; mas el que los confiesa y se aparta alcanzará misericordia"*.

La razón por la que muchos cristianos se convierten en Zaras es porque su primera respuesta es normalmente la de buscar una dádiva personal. Primero extienden la mano, ya que prefieren ser servidos que servir, y prefieren recibir que dar. ¡Jesús enseña que es mejor dar que recibir (Hechos 20:35)! Muchas personas han desarrollado una mentalidad que reacciona extendiendo su mano constantemente en espera de bendiciones, pero no hacen nada para generar un avance o incluso considerar producir un avance para sí mismos, ni mencionar a los demás.

Incluso existen iglesias tipo Zara llenas de este mismo tipo de cristianos. Ellos están intentando arduamente seguir siendo relevantes y modernos para mantener la bendición de la cantidad de miembros, pero no poseen poder para sanar enfermos, echar fuera demonios o predicar el Reino. La mentalidad de Zara hace que las iglesias dejen de ser ofensivas, que sean políticamente correctas, con una mentalidad de "bendíceme" y "hazme sentir bien". ¡Los cristianos de tipo Zara tienen a los pastores a su merced como el hilo de grana en el brazo de Zara! Si no consiguen lo que quieren, ellos hacen berrinches, se rebelan o se van de la iglesia.

El espíritu de Zara a menudo es tan codependiente, dependiente de los pastores, con una mentalidad de "mis necesidades", que a menudo se hace completamente dependiente de los demás para que los ayuden a avanzar. Nunca aprenden la habilidad de prorrumpir por ellos mismos. Por supuesto que no hay nada malo en buscar la sabiduría del pastor o pedir oración, pero esta no puede ser siempre la norma. Esta mentalidad puede ser costosa, especialmente en tiempos de necesidad, si usted no tiene a nadie más que a usted mismo para lograr el avance. Debe recordar que usted posee un espíritu tipo Fares porque Jesucristo es de ese linaje terrenal y lo ha adoptado a usted en el linaje de la familia celestial. Su semilla está en usted. Si Jesús está en usted, entonces usted posee un espíritu de avance y la habilidad para abrir camino.

Cuando comencé en el ministerio, un pastor de una iglesia local me contrató. Un día fui asignado "pastor del día", lo que quería decir que debía ser el pastor disponible para las necesidades que pudieran surgir de la gente. Ese día apareció en la iglesia un extraño pidiendo dinero. Le dije que no había problema con ayudarlo con sus necesidades. Él dijo que necesitaba dinero para comprar un boleto de autobús para viajar a otra ciudad. Él afirmó ser cristiano y haber caído en tiempos difíciles. Sin embargo, algo parecía ir mal. Sentí en mi corazón que mentía y solamente quería dinero para aliviar sus muchas adicciones y problemas obvios con los que no quería lidiar. De manera que decidí ponerlo a prueba pidiéndole que me diera un día de trabajo, ya que me estaba pidiendo varios cientos de dólares.

¿Sabe usted cómo respondió? Se enojó mucho y comenzó a maldecir y a insultarme. Estaba actuando de una manera muy diferente de la persona que afirmaba ser cristiana y "en apuros". Continuó negándose a darle ningún tipo de ayuda de la iglesia, y se fue enojado haciéndome un gesto no muy amable con la mano. Todo lo que le pedí fueron unas horas de trabajo, como cortar el césped de la iglesia y hacer una limpieza ligera. Este muchacho no era anciano o discapacitado, sino muy capaz para llevar a cabo las tareas. No quería trabajar por su bendición o avance, y en lugar de eso quería una dádiva. Lamentablemente, esta es la misma mentalidad del espíritu de Zara al que nos referimos.

La Biblia nos da otra mirada a esta mentalidad cristiana de Zara, con un hombre en la puerta la Hermosa en Hechos 3. Él buscaba una dádiva en lugar de estar esperando un avance.

> *Y era traído un hombre cojo de nacimiento, a quien ponían cada día en la puerta del templo que se llama la Hermosa, para que pidiese limosna de los que entraban en el templo* (Hechos 3:1–6).

Este hombre que era cojo y pedía limosna en la puerta, buscaba dádivas en lugar de un avance. ¿Cómo lo podemos saber? Porque buscaba limosnas y la Biblia dice que esperaba recibir algo. Hechos 3:1–5 dice:

> *Pedro y Juan subían juntos al templo a la hora novena, la de la oración. Y era traído un hombre cojo de nacimiento, a quien ponían cada día a la puerta del templo que se llama*

la Hermosa, para que pidiese limosna de los que entraban en el templo. Este, cuando vio a Pedro y a Juan que iban a entrar en el templo, les rogaba que le diesen limosna. Pedro, con Juan, fijando en él los ojos, le dijo: Míranos. Entonces él les estuvo atento, esperando recibir de ellos algo.

Este versículo dice claramente que estaba esperando recibir dinero de Pedro y Juan. Este mendigo tenía la mentalidad de Zara. Esperaba ayuda en lugar de reconocer la oportunidad de un avance perdurable. Esto puede ser por la mentalidad que desarrolló con base en una rutina diaria. Recuerde que lo llevaban diariamente y lo sentaban en la puerta del templo. Esto es lo que pudo haber formado su mentalidad diaria de mendicidad en lugar de avance. Aquí es donde muchas personas pueden verse en peligro y atrapadas para volverse pasivas y desarrollar un estilo de vida mendigo como el de Zara. La necesidad más grande del hombre no era el dinero, sino cambiar su mentalidad y los hábitos diarios que evitaron que esperara algo más. Lo que él necesitaba era la unción del Espíritu Santo que Pedro y Juan tenían. Pedro tuvo el discernimiento suficiente como para no aceptar esta mentalidad de Zara, pero lo ayudó a enfocarse en lo correcto. Este es un paso necesario si usted quiere colocarse en posición para un avance. Usted debe estar dispuesto a salir de su rutina y mentalidad diaria que puede evitar que tenga un verdadero espíritu y mentalidad de avance. ¡Pedro reconoció que la mayor necesidad de ese hombre no era recibir algo que lo mantuviera igual, sino un avance que lo cambiara para siempre!

> *Mas Pedro dijo: No tengo plata ni oro, pero lo*
> *que tengo te doy; en el nombre de Jesucristo de*
> *Nazaret, levántate y anda* (Hechos 3:6).

Muchos, en especial los hombres, son como este hombre en la puerta la Hermosa, espiritualmente hablando. Mendigan afuera de la iglesia y nunca abren camino con un espíritu rompedor. A menudo vemos más mujeres con un espíritu rompedor y determinado para las cosas de Dios. Ellas a menudo dirigen la mayor parte de la oración, la alabanza y el celo por el Señor en las iglesias, más que los hombres. No hay nada de malo en que las mujeres lo hagan, pero lo que revela es un espíritu de mendigo que ha atado a muchos hombres. Los está manteniendo espiritualmente cojos y está evitando que se levanten con un espíritu rompedor.

Es por esto que creo que el primer milagro registrado después del Pentecostés fue el de un hombre cojo y no de una mujer (Hechos 3:1–6); porque algunos hombres, como este mendigo, tienen una mentalidad de "qué hay para mí". Para otros es el impulso de tener oro y plata lo que provoca que muchos hombres tengan un espíritu de mendicidad y se hagan espiritualmente cojos. Porque ellos siempre están buscando hacer dinero y trabajar, trabajar, trabajar y no le dan prioridad a Dios o a la iglesia. Luego, si llegan a asistir, difícilmente muestran dedicación, celo, liderazgo o alguna expresión para el Señor. Prefieren tener oro y plata, y las riquezas de este mundo que un espíritu de avance.

El hombre de la puerta la Hermosa fue al templo brincando, danzando en alabanza a Dios. Esta es la manifestación de alguien que recibe un avance y continúa caminando en él. Hechos 3:7–9 dice:

> *Y tomándole por la mano derecha le levantó; y al momento que se le afirmaron los pies y tobillos; saltando, se puso en pie y anduvo; y entró con ellos en el templo, andando, y saltando, y alabando a Dios. Y todo el pueblo le vio andar y alabar a Dios.*

Este tipo de mentalidad evita que mucha gente reciba del Señor. Cuando fui salvo decidí que haría lo que dicen las Escrituras y evangelizaría. Iba a salir a las carreteras y caminos de Omaha para invitar a alguien a venir a la iglesia conmigo. *Ahí está,* pensé al ver a un hombre con aspecto de mendigo sentado en una banca en la calle. *Traeré a ese hombre a la iglesia.* Traía ropa vieja, maloliente y hecha jirones, y apestaba tanto a alcohol que olía como una fábrica de cerveza.

Le dije que quería traerlo a la iglesia y le daría una comida. Sabía que él no estaba realmente interesado en ir a la iglesia, pero querría comida y estar en un lugar más cálido. Así que, sin decir mucho decidió ir conmigo. Feliz de hacer mi deber cristiano, traje a este hombre al servicio de la iglesia. Lo conduje con orgullo hacia las primeras filas en la parte frontal de la iglesia, las cuales albergaban miles de personas. Él estaba inquieto, pero por lo menos estaba comportándose. Por supuesto toda la parte frontal de la iglesia olía mal por él, pero bueno, debemos amar a los desamparados.

Las cosas marchaban muy bien hasta que llegó el tiempo de comunión y la iglesia estaba muy callada. Mi invitado comenzó a dormirse y a roncar tan fuerte que se podía escuchar el eco en todo el santuario. Creo que se amplificaba por los micrófonos porque estábamos sentados al frente. Después de escuchar algunas risitas y ver a la gente mirándonos mal, pensé: *¿Ahora qué voy a hacer?* Decidí darle un golpe ligero con mi brazo para despertarlo. ¡Mala decisión! Para mi sorpresa, brincó y gritó inmediatamente: "¡No me estoy durmiendo, estoy orando!". Él no estaba orando en lo absoluto. Nunca olvidaré el momento de vergüenza. Ya sabe, él no buscaba un avance para mejorar su vida y ser salvo, ni una ayuda. Él buscaba una dádiva tipo Zara para continuar su vida a su manera sin una actitud o decisión de cambiar. ¡Su mentalidad cotidiana y de mendicidad era mayor que su deseo y determinación de tener un avance permanente!

Lamentablemente, en la vida, no se nos da todo tan fácilmente. Esa manera de pensar es el espíritu y mentalidad de Zara. Es por esto que necesitamos poseer un espíritu rompedor de barreras que se levante y luche por ello.

El espíritu de avance

El tipo de espíritu que Dios desea que desarrollemos y poseamos es el espíritu de uno que abre caminos. Podemos ver a partir de los ejemplos de este capítulo, cuán importante es un espíritu de avance. Algunas veces debemos estar dispuestos a luchar por nuestra propia bendición hasta que llegue, y arrebatar nuestra herencia como Jacob cuando luchó por su avance y se asió del calcañar de su hermano al nacer. También aprendimos que tener un espíritu determinado de avance como Fares nos llevará a una vida de avance.

Aunque debemos trabajar en nuestro avance y mantener

una actitud de avance a lo largo de nuestra vida, también necesitamos darnos cuenta de que en ese proceso, el avance puede suceder repentinamente. Puede suceder repentinamente y de manera inesperada. Esto también le sucedió a Fares. Su nacimiento y la manera en la que salió delante de su hermano, fue inesperada y tomó a todos por sorpresa. Sin embargo, había otra dimensión que hizo de este avance, un avance poderoso. Su concepción estuvo rodeada de circunstancias trágicas, lo cual pudo haber sido una buena razón para que no llegara a ser un rompedor de barreras. El mensaje para nosotros es que algo bueno puede resultar de algo trágico. Estos "avances tipo Fares" suceden cuando una bendición viene de manera inesperada en un momento imposible o trágico.

Aun así, necesitamos ser personas que trabajen por sus avances en la vida, y estar expectantes de que ese momento repentino llegue. Nos preparamos para avances repentinos a través de una vida de oración. Suceden mientras estamos en labor de parto con la Palabra de Dios y la oración hasta dar a luz nuestro avance. Tal como dar a luz a un bebé en lo físico, es un proceso que requiere trabajo, lo cual nos afecta a cada uno de manera diferente, con resultados diferentes. Es similar a estar en labor de parto y dar a luz un avance espiritual. Sin embargo, la conclusión es que no nos rendimos hasta que nace el bebé. Nunca debemos rendirnos o detenernos por frustración. Debemos continuar en labor de oración con respecto a lo que le pedimos a Dios que haga por nosotros.

Así es como nació Fares y la manera en las que los avances tipo Fares vienen para soltar bendiciones repentinas. En el capítulo 2 mencionamos que los avances frecuentemente son progresivos. Sin embargo, la manifestación real del avance a menudo es inmediata. Es a lo que se refiere la Biblia en la versión Reina Valera 1960 como *al instante*, que quiere decir "de inmediato". Creo que en la actualidad estamos en una temporada de los "al instante" en el Cuerpo de Cristo. ¡Mire algunos ejemplos de avances repentinos e inesperados, de los "al instante" de Dios! ¡Todos hablan del espíritu de avance y lo revelan!

1. ¡Dios vendrá repentinamente a su Iglesia!

He aquí, yo envío mi mensajero, el cual preparará el camino delante de mí; y vendrá súbitamente a su templo el Señor a quien vosotros buscáis, y el ángel del pacto, a quien deseáis vosotros. He aquí viene, ha dicho Jehová de los ejércitos (Malaquías 3:1).

2. ¡El Espíritu Santo viene con el Espíritu del Rompedor!

Y de repente vino del cielo un estruendo como de un viento recio que soplaba, el cual soplaba, el cual llenó toda la casa donde estaban sentados (Hechos 2:2).

3. ¡Sus problemas o situaciones se detienen repentinamente!

Pero una mujer que desde hacía doce años padecía de flujo de sangre, y había sufrido mucho de muchos médico, y gastado todo lo que tenía, y nada había aprovechado, antes

*le iba peor, cuando oyó hablar de Jesús, vino
por detrás entre la multitud, y tocó su manto.
Porque decía: si tocare tan solamente su
manto, seré salva. Y en seguida la fuente de su
sangre se secó; y sintió en el cuerpo que estaba
sana de aquel azote* (Marcos 5:25–29).

4. ¡Usted es liberado de su pecado repentinamente! (La lepra es un símbolo profético de pecado.)

*Jesús extendió la mano y le tocó, diciendo:
Quiero; sé limpio. Y al instante su lepra
desapareció.* (Mateo 8:3).

5. ¡Usted es repentinamente sanado de enfermedades y dolencias!

*Pero una mujer que padecía de flujo de sangre
desde hacía doce años, y que había gastado
en médicos todo cuanto tenía, y por ninguno
había podido ser curada, se le acercó por detrás
y toco el borde de su manto; y al instante se
detuvo el flujo de sangre* (Lucas 8:43–44).

Recuerde la misma naturaleza de un avance tipo Fares.
Seguramente hubo un proceso que llevará a él, pero los
avances pueden llegar inesperada y repentinamente. Nos
toman completamente por sorpresa. Sin embargo, como
en el vientre de Tamar, se va alineando, va creciendo y
progresando durante días y meses, ¡hasta que de pronto
prorrumpe!

Este tipo de espíritu de avance es lo que Jesús llevó

cuando caminó en la tierra. Él llevó este espíritu rompedor, ¡porque Él es el Rompedor! Su linaje terrenal fue de rompedores como Jacob, Judá, Tamar y Fares. Su linaje celestial es que Él es el Hijo de Dios. Jesús, tanto en el cielo como en la tierra, lleva y manifiesta este espíritu de avance. ¡Podemos ver esto en la tierra en la forma en que Jesús oraba! Él hizo oraciones fuertes y oró tan fuertemente en el huerto de Getsemaní, que sudó gotas de sangre (vea Hebreos 5:7, Lucas 22:44).

Adondequiera que iba Jesús y en todo lo que hacía obtuvo avances, con excepción de un relato que vemos en las Escrituras. Él no obtuvo un avance como el que habría deseado. La Biblia dice que no pudo hacer ningún milagro por la incredulidad de ellos, salvo que sanó a unos pocos enfermos (Marcos 6:5). Sí, algunos recibieron bendiciones, pero no produjeron un avance con resultados mayores. Esta es la diferencia entre las dádivas y los avances. La Biblia dice que solamente unos pocos fueron sanados a causa de su incredulidad. Este espíritu de incredulidad es peligroso, ya que nos mantiene pasivos y nos vuelve ineficientes en nuestro progreso hacia el avance.

Cuando parece que nada está sucediendo, es fácil querer rendirse o pensar que nada está sucediendo. En la historia de Daniel sabemos que la Biblia dice que desde el primer día que oró el ángel salió a causa de sus oraciones (Daniel 10:8–13). Fue después de 21 días que se manifestó el avance. Daniel necesitó continuar orando, creyendo y luchando por sus bendiciones de avance. Permítame animarlo a continuar declarando la Palabra de Dios y sus promesas. Continúe siendo fiel en oración y pelee por sus derechos de herencia, ¡los cuales son suyos en Cristo! Es parte de los ingredientes que llevan hacia el avance cuando usted se rehúsa a rendirse. Esto es vital porque, como Daniel, su avance puede estar a la puerta. ¡Solamente hace falta que usted lo tome y se niegue a soltarlo hasta que llegue!

Capítulo cuatro

DÉ A LUZ SU MOMENTO DE AVANCE

Entonces el ángel le dijo: María, no temas, porque has hallado gracia delante de Dios. Y ahora, concebirás en tu vientre, y darás a luz un hijo, y llamarás su nombre Jesús. Este será grande, y será llamado Hijo del Altísimo; y el Señor Dios le dará el trono de David su padre; y reinará sobre la casa de Jacob para siempre, y su reino no tendrá fin (Lucas 1:30–33).

¿UN BEBÉ NACIDO en un pesebre? ¿Qué cosa buena puede provenir de un simple pesebre? Para el mundo y el posadero de guardia esa noche, nada parecía fuera de lo normal o importante en absoluto. Todo parecía normal, excepto que un hombre y su esposa encinta necesitaban un lugar para hospedarse. Conformándose con el establo, la familia se acomodó para pasar la noche esperando que se cumpliera el tiempo. ¡Algo estaba a punto de irrumpir en la tierra esa noche! Provenía del vientre de esta mujer encinta con un niño y con un destino. Todo parecía normal en esta ciudad, una noche como cualquier otra en el lugar donde estaban, excepto por el nacimiento que estaba por suceder. Se podían escuchar los sonidos de este recién nacido aquella noche irrumpiendo en la tierra. El llanto sonaba como el llanto de cualquier recién nacido, y sin embargo, ¡este llanto era diferente porque hacía eco en el cielo, el infierno y la tierra! No era un llanto ordinario, sino un llanto que declaraba que la salvación, la liberación y el avance habían venido.

Era un lugar extraño para el nacimiento de un bebé, pero este niño probaría no ser ordinario. No obstante, si este bebé hubiera sido realmente importante, con toda seguridad le hubieran apartado un cuarto especial en la posada de la ciudad, ¿no?

¿Quién es este niño? La noche parecía insignificante, pero estaba sucediendo algo esperado por mucho tiempo. Sin embargo, el mundo continuó normalmente, como si nadie importante hubiera nacido o estuviera sucediendo algún evento grandioso. Aun así, la historia estaba siendo dada a luz y el niño más asombroso alguna vez nacido de una mujer estaba entrando en el mundo, pero el mundo no lo conoció. El mundo estaba ajeno a un evento tan maravilloso y un nacimiento aparentemente insignificante, pero era el tiempo de lo que los profetas habían anunciado siglos antes que vendría. Era tiempo de que el Rompedor, el Aplastador de serpientes, naciera y cumpliera Génesis 3:15.

¡No solamente era el parto físico de esta mujer, sino que había venido un avance para toda la gente! Sucedió como lo declararon los ángeles: "Paz en la tierra y buena voluntad para con los hombres". El Señor había venido a la tierra a vencer para poder rescatar a la humanidad que había estado perdida. No obstante, solamente algunos pudieron ver más allá de este momento aparentemente insignificante y darse cuenta de que había venido un avance para la humanidad. Fue el nacimiento del Rompedor, Jesucristo, el Salvador del mundo. Finalmente había llegado.

Esa noche, cuando los ángeles se reunieron para anunciar su nacimiento aparentemente humilde a algunos pastores, la mayoría de las personas no tenía idea de lo que acababa de suceder. ¡Lo mismo sucede en la actualidad con muchos, y a menudo es por eso que no obtienen su avance! Porque no esperan que suceda algo milagroso o ignoran las señales de que el avance está en proceso. Además, hay algunos que se rinden porque parece que la promesa o avance se ha retrasado y nunca vendrá. Otros, están demasiado ocupados con las cosas de esta tierra, de manera que nunca se preparan para que un avance espiritual invada la Tierra.

Esta es a menudo la reacción de muchos que no disciernen lo que llevan dentro ni su potencial de grandeza y avance. Esto se debe a que a menudo no nos damos cuenta de la oportunidad que se nos ha dado en Cristo para dar a luz grandeza. María era una joven ordinaria escogida por Dios para dar a luz algo grande. ¿Qué quiero decir con dar a luz? Por supuesto, me refiero a la vida, las decisiones y el potencial que usted tiene para hacer realidad sus sueños y deseos. Muchos no se dan cuenta de que están embarazados con promesas, sueños, un propósito y grandes oportunidades.

Existen tantas cosas en esta vida que nos desafían, resisten, desaniman y nos hacen intentar abortar aquello con lo que estamos preñados. Todo esto tiene el propósito de detener nuestro deseo de avance y nos obliga a rendirnos.

María tuvo que cooperar con el plan de Dios para ella y creer lo que Él dijo que haría. Ella lo logró siendo fiel a Dios y creyendo en su palabra. Obedeció al Señor negándose a dudar o rendirse en tiempos difíciles. María tuvo que llevar su avance hasta la hora de parto. Ella tuvo que ser parte de un progreso y de un proceso que traería su avance.

Este no solamente era un momento de avance que la afectaría exclusivamente a ella, sino a todas las generaciones para siempre. Recuerde que María estaba preñada con un avance y usted también lo está.

¡Dé a luz su momento de avance!

Podemos recibir nuestra promesa de avance al igual que María, porque quien ella dio a luz aún afecta a los cristianos en la actualidad. Esto se debe a que si usted es cristiano, entonces tiene al mismo Rompedor, el Señor Jesucristo en usted. *"[...] que es Cristo en vosotros, la esperanza de gloria"* (Colosenses 1:27). Esto quiere decir que, justo como María lo hizo en lo físico, usted puede dar a luz espiritualmente su momento de avance con la ayuda del Rompedor, que es el Señor.

María estaba embarazada con un avance, el Rompedor mismo. Es por esto que hemos leído en capítulos anteriores de este libro la progresión familiar que llevó al nacimiento de María. Encontramos que Abraham, Jacob, Tamar, Judá, Fares y David, por mencionar algunos, fueron aquéllos con un espíritu determinado de avance. La naturaleza del Señor es tan marcadamente la de un Rompedor, que quería a aquellos en la tierra que llevaran su mismo espíritu. Por esto, Dios en este linaje familiar prefirió a un bebé sobre otro, en diferentes momentos, como lo vimos con Jacob y Esaú o con Fares y Zara; todo para proteger y desarrollar el linaje rompedor del cual Él nacería en la tierra. Por ello, Dios escogió a María, ¡porque ella también poseía este espíritu de rompedor de barreras y Dios lo sabía, y la escogió! Él sabía que ella lo obedecería, confiaría en su palabra, y estaría determinada a traer su momento de avance a cumplimiento. Él también escogió a José, su esposo y padre terrenal de Jesús, porque él también poseía este mismo espíritu. Él ayudó a Dios obedeciendo cada paso del Señor en el proceso, incluso cuando significaría que su reputación sería cuestionada. Pudo haberse rendido y negado a tener relación con este niño que era del Espíritu Santo y no suyo. Dios vio un espíritu rompedor en José, quien obedecería las instrucciones del Señor que vinieron por medio de sueños y visitaciones de Dios.

El proceso de nacimiento a través de María reveló que Dios había encontrado dos rompedores de barreras en María y José. Es por esto que el acontecimiento de aquella noche no era poco importante, como pudo haber parecido, ya que no solamente mostró el espíritu rompedor de barreras de María y José, sino que trajo al mundo a Jesús; y Él hace brotar el espíritu rompedor de barreras en nosotros. ¡Somos adoptados en su familia cuando nacemos de nuevo y ahora poseemos ese espíritu rompedor a través de Él! Somos parte de un linaje celestial de rompedores de barreras.

En amor habiéndonos predestinado para ser
adoptados hijos suyos por medio de Jesucristo,
según el puro afecto de su voluntad (Efesios 1:5).

Esto quiere decir que tenemos el mismo espíritu rompedor de Jesús, porque Él vive en nosotros y hemos sido adoptados hijas e hijos suyos por nuestro Padre Celestial. También hemos heredado las mismas bendiciones que Abraham y su linaje. Ahora somos llamados hijos de Abraham, con derecho a ese mismo espíritu rompedor que ellos tenían naturalmente y también espiritualmente por nuestra adopción celestial en Cristo.

Vosotros sois los hijos de los profetas, y del pacto
que Dios hizo con nuestros padres, diciendo a
Abraham: En tu simiente serán benditas todas
las familias de la tierra (Hechos 3:25).

Este versículo nos dice que por Abraham, toda la gente de la tierra tiene derecho a la bendición que él recibió. De manera que tenemos bendición terrenal y celestial, y el potencial de generar avances. Las Escrituras declaran que Abraham es padre de todos nosotros. Esto quiere decir que tenemos derecho a su misma promesa de bendición y avance, gracias a nuestro linaje celestial en Cristo.

[...] sino también para la que es de la fe de
Abraham, el cual es padre de todos nosotros
[...] (Romanos 4:16).

Sabed, por tanto, que los que son de fe, éstos
son hijos de Abraham (Gálatas 3:7).

Ya que nosotros, como cristianos, pertenecemos a Cristo, ahora tenemos derecho a las mismas bendiciones dadas a Abraham.

Y si vosotros sois de Cristo, ciertamente linaje de Abraham sois, y herederos según la promesa (Gálatas 3:29).

Cuando nacemos de nuevo, nuestro nacimiento espiritual es importante también para lograr avances, tal como el nacimiento de Jesús, porque damos a luz una vida en Cristo. Por ello, la Biblia nos dice que Jesús en nosotros es mayor que el que está en el mundo, el diablo (1 Juan 4:4). Jesús vive dentro de nosotros y hemos nacido de nuevo del mismo Espíritu para no fallar. Podemos experimentar un avance tras otro. ¿Puede darse cuenta de cuánto ha acumulado a su favor para tener éxito ahora que tiene a Cristo el Rompedor en usted?

Podemos aprender mucho del ejemplo de María al dar a luz a Jesucristo, el Rompedor. Podemos aplicar lo que María hizo a nuestra vida con el fin de dar a luz nuestro momento de avance. ¿Qué hizo ella para prepararse? Veamos algunas cosas en las Escrituras que ella llevó a cabo para traer su avance a la tierra. Si aplicamos estos principios y nos alineamos con ellos, con el Señor de nuestro lado, nos colocamos en una mejor posición para nuestro momento de avance.

- Ella tenía al Espíritu Santo (el avance necesita al Espíritu Santo).

"El nacimiento de Jesucristo fue así: Estando desposada María su madre con José, antes que

se juntasen, se halló que había concebido del Espíritu Santo" (Mateo 1:18).

- Ella era virgen y pura (el avance necesita pureza).

"He aquí, una virgen concebirá y dará a luz un hijo [...]" (Mateo 1:23).

- Ella tuvo la intervención de Dios (el avance necesita la ayuda de Dios).

"Y llamarás su nombre Emanuel, que traducido es: Dios con nosotros" (Mateo 1:23).

- Ella estaba conectada con quien sería el padre de su avance y con sus padres espirituales (el avance necesita al "padre" de la Casa").

"Pero no la conoció hasta que dio a luz a su hijo primogénito; y le puso por nombre Jesús" (Mateo 1:25).

- Ella entendió el poder de la adoración (el avance necesita adoración y traer honor a Dios).

"Y al entrar en la casa, vieron al niño con su madre María, y postrándose, lo adoraron; abriendo sus tesoros, le ofrecieron presentes: oro, incienso y mirra" (Mateo 2:11).

- Ella creyó en Dios y en su palabra (el avance necesita creer y confiar en la Palabra de Dios).

"Porque no hay imposible para Dios" (Lucas
1:37).

- Ella obedeció la Palabra de Dios y sometió su
  voluntad (el avance se toma de la promesa y no
  se rinde).

*"Entonces María dijo: He aquí la sierva del
Señor; hágase conmigo conforme a tu palabra
(Lucas 1:38).*

LA GRACIA NECESITABA UN AVANCE

María continuó siendo fiel en el proceso de dar a luz su momento de avance y de esta manera se alistó para la bendición.
También estaba sucediendo algo que cambiaría el curso de la
historia y ayudaría a traer al Rompedor, en el vientre de la
prima de María, Elisabet. Ella también estaba preñada de un
destino, que nacería seis meses antes del hijo de María.

*"Y he aquí tu parienta Elisabet, ella también
ha concebido hijo en su vejez; y este es el sexto
mes para ella, la que llamaban estéril; porque
nada hay imposible para Dios"* (Lucas 1:36–38).

El bebé de Elisabet fue concebido y nació primero, antes
del hijo de María, por un propósito. Esto, a quienes necesitamos un avance, nos revela un poderoso principio que
descubriremos con respecto a la gracia y cuán necesaria es
para el avance. Es importante observar que Elisabet y su esposo Zacarías eran mucho mayores que María, la Biblia dice
que eran de edad avanzada.

> *Dijo Zacarías el ángel: ¿En qué conoceré esto?*
> *Porque yo soy viejo, y mi mujer es de edad*
> *avanzada* (Lucas 1:18).

Estas son buenas noticias para usted y para mí. Esto quiere decir que nunca somos demasiado viejos para dar a luz nuestro momento de avance y nunca somos demasiado viejos para ser rompedores de barreras. Sus oraciones fueron respondidas y estaban a punto de experimentar su propio avance.

> *Pero el ángel le dijo: Zacarías, no temas;*
> *porque tu oración ha sido oída, y tu mujer*
> *Elisabet te dará a luz un hijo, y llamarás su*
> *nombre Juan* (Lucas 1:13, 18).

¿Qué significa el nacimiento del hijo de Elisabet y su esposo Zacarías para nosotros? El nacimiento de este niño, como el de María, no fue ordinario, sino uno extraordinario que prepararía el camino para el Rompedor supremo. Sabemos que el avance supremo fue la venida de Jesús a la tierra para traerle victoria a la humanidad. El nacimiento del hijo de Elisabet sería para ser precursor del Rompedor. Más tarde, Jesús dijo, refiriéndose a él, que no había habido un profeta más grande nacido de hombre. Por supuesto, sabemos que su nombre era Juan.

> *Os digo que entre los nacidos de mujeres, no*
> *hay mayor profeta que Juan el Bautista; pero*
> *el más pequeño en el reino de Dios es mayor*
> *que él.* (Lucas 7:28).

¿Por qué fue tan significativo este nacimiento y por qué fue tan importante que naciera antes del Rompedor? Algunas respuestas proféticas a esta pregunta se encuentran en el significado de su nombre. Su nombre, Juan, se pronuncia "Yahn". Es de origen hebreo y su significado es "la gracia de Dios". Su nombre en griego también significa gracia.

Como puede ver, su avance tiene nombre, ¡y se llama *"¡Juan!"*. ¿A qué me refiero con esto? El nacimiento de Juan, o la gracia, quiere decir que se necesita gracia para tener un avance. El propósito y definición de su nombre nos da un ingrediente profético para el avance. Es el elemento que nos ayuda como precursor o nos asiste para producir un avance. Nuestros avances a menudo requieren un precursor. Juan el Bautista fue el precursor del ministerio de Jesús. Marcos 1:2 dice: *"He aquí yo envío mi mensajero delante de tu faz, el cual preparará tu camino delante de ti"*. Juan preparó el camino para el ministerio de Jesús. Para nosotros en la actualidad significa que debemos prepararnos porque el avance es un proceso, como vimos en el capítulo 2. Luego, es como dijimos en el capítulo 3 que requiere una actitud de determinación, que no se rinda y que se mantenga firme en la promesa de Dios.

Veamos una lista de cosas que ayudaron a traer a Juan el Bautista a la tierra y cómo se relacionan con nosotros. Estos principios pueden aplicarse para ayudarnos a entrar en un tipo de gracia que produzca avance. Veremos más a profundidad algunas otras que también nos ayudarán a entrar en la gracia que necesitamos.

- Estar conectado con un pastor, mentor o padres espirituales piadosos — Lucas 1:5.

- Caminar en pureza, santidad y de manera intachable delante de Dios — Lucas 1:6.

- No se rinda, sin importar por cuánto tiempo ha creído con pocos o ningún resultado aparente — Lucas 1:7.

- Regocíjese y alabe a Dios por su avance antes y después de que suceda — Lucas 1:14.

- Hable correctamente con respecto a su avance, sin dudar — Lucas 1:20.

- Permanezca conectado con Dios y la iglesia local — Lucas 1:21.

- Profetícele a su avance y profetice acerca de él — Lucas 1:67.

Todas estas cosas trajeron a Juan (gracia) y lo ayudarán si las aplica también a su vida. Veamos ahora más a profundidad algunas otras cosas que sucedieron de camino al nacimiento de Juan el Bautista.

Identifique su necesidad de avance. Comenzó con identificar el avance que era necesario. Era un tiempo oscuro en la tierra en el tiempo del nacimiento de Jesús. Algunos eruditos de la Biblia concluyen que había habido un silencio profético durante 400 años, desde el tiempo de Malaquías hasta Juan el Bautista, porque no se escribieron más libros de las Escrituras. El anuncio del nacimiento de Juan destrozó ese periodo de silencio y fue una declaración de que la luz venía finalmente a atravesar la oscuridad.

La luz en las tinieblas resplandece, y las tinieblas no prevalecieron contra ella. Hubo

*un hombre enviado de Dios, el cual se llamaba
Juan. Este vino por testimonio, para que
diese testimonio de la luz, a fin de que todos
creyesen por él. No era él la luz, sino para que
diese testimonio de la luz* (Juan 1:5–8).

El nacimiento de estos dos bebés, Juan y Jesús, declararon
simultáneamente que la gracia y el avance de Dios venían
para su pueblo.

¡Póngale nombre a su avance! ¿Qué importancia tiene
un nombre? El nombre de Juan fue tan importante que Dios
envió un ángel para intervenir en la elección. Es importante
nombrar y declarar su avance para ayudarlo en su momento de avance. Un nombre ayuda a darle identidad a algo. Es
útil estudiar los significados de los nombres en las Escrituras,
porque a menudo tienen significados proféticos, importantes para los mensajes que Dios quiere que recibamos (Lucas
1:59–60).

Para darle nombre a su avance, usted debe declarar o
nombrar sus necesidades financieras como un milagro de
provisión. Cuando se sienta ansioso o preocupado con respecto a su necesidad financiera continúe llamándolo con el
nombre que le otorgó. Usted puede comenzar a declarar:
"Declaro provisión, porque la Palabra de Dios declara que
Dios satisface cada una de nuestras necesidades conforme a
sus riquezas en gloria en Cristo Jesús" (Filipenses 4:19).

¡Comience con una semilla! Lo siguiente a considerar, como lo mencionamos al principio de este libro, sería
comenzar con una semilla. El avance comienza con una
semilla. Posiblemente la semilla que usted dé, sea de forma
financiera, asumiendo que esa es la naturaleza del tipo de

avance que usted necesita. Ahora, esto no significa que su semilla siempre tenga que corresponder con el tipo de avance que necesita. Por ejemplo, usted puede plantar una semilla financiera aunque necesite una sanidad física; usted puede cosechar su avance para sanidad, aunque haya dado una semilla financiera. La semilla y el resultado no concuerdan, pero aún así producen un avance. Es porque usted pone en acción una ley espiritual de siembra y cosecha (Gálatas 6:9).

Cuide sus palabras. Una de las cosas importantes para el nacimiento de este niño llamado gracia (Juan) fue el elemento del silencio. Desde luego, necesitamos hablar y declarar las promesas de Dios con respecto a nuestro avance, pero no podemos hablar de manera negativa. En el ejemplo de Juan, Dios tuvo que cerrar la boca de Zacarías, su padre, porque estaba hablando mal acerca de su momento de avance que estaba por manifestarse. Así que Dios hizo que el ángel Gabriel cerrara su boca porque estaba hablando duda, incredulidad o tradición.

> *Respondiendo el ángel, le dijo: Yo soy Gabriel, que estoy delante de Dios; y he sido enviado a hablarte, y darte estas buenas nuevas. Y ahora quedarás mudo y no podrás hablar, hasta el día en que esto se haga, por cuando no creíste mis palabras, las cuales se cumplirán a su tiempo (Lucas 1:19–20).*

Tradicionalmente, el niño debía recibir el nombre de su padre por herencia familiar. El nombre de Juan no estaba en la familia (Lucas 1:60). Zacarías tenía problemas con esto, de manera que el ángel cerró su boca, para que sus problemas personales normales no interrumpieran la venida de la promesa. Es por esto que Dios sabía que para dar a luz un avance, primero necesitaríamos gracia, así que se aseguró de que Zacarías no impidiera ese elemento con sus palabras.

Necesitamos evitar hablar negativamente acerca del avance que necesitamos, especialmente en temporadas donde parece que todo es contrario o que nuestra mente tradicional es desafiada. Muchas personas se pierden de su momento de avance, por su boca. A menudo cuando caminamos en el proceso hacia nuestro avance, especialmente cuando parece estar retrasado, debemos tener cuidado de no comenzar a hablar lo incorrecto, porque los sucesos pueden darse de manera diferente a la que esperamos.

De verdad necesitamos autocontrol y disciplina en nuestras palabras. Zacarías y Elisabet tuvieron que cuidar sus palabras o probablemente hubieran perdido su avance. Esto sucedió así porque eran de edad avanzada y para ellos no era naturalmente posible tener hijos, sino solamente sobrenaturalmente posible. Lo mejor para ellos, para usted y para mí, es cuidar nuestras palabras. Si no lo hacemos, entonces probablemente podemos perder nuestro momento de avance o tener doble ánimo. Eso es peligroso para nuestro avance porque evita que recibamos cualquier cosa de Dios (Santiago 1:6–8).

Darse cuenta del poder de la gracia para el avance. Cuando trabaje en su avance o lo dé a luz, es importante que entienda algo que está a su disposición en su necesidad. Se llama gracia. Por esta razón, el nacimiento de Juan sucedió antes que el de Jesús; porque usted necesita gracia para dar a luz o anticipar su milagro. La gracia es simplemente el favor inmerecido de Dios. Es favor, ayuda, privilegio o la intervención que usted no esperaba, pero que Dios trajo porque Él tiene gracia. Una vez escuché que alguien definió la gracia como: *"Yo no puedo, por lo tanto Dios debe hacerlo"*. Esta gracia, este favor inmerecido ya nos ha sido dado porque Jesús ya nos abrió camino. La gracia es fácilmente accesible para nosotros ahora, porque ahora tenemos acceso al trono de Dios por medio de la sangre de Jesús.

> *Acerquémonos, pues, confiadamente al trono de la gracia, para alcanzar misericordia y hallar gracia para el oportuno socorro* (Hebreos 4:16).

Ahora podemos recibir gracia, misericordia y ayuda en el trono durante nuestra necesidad.

Profetice su avance. Además de evitar hablar lo incorrecto acerca del avance, también necesitamos asegurarnos de hablar lo correcto. Hay poder cuando declaramos, profetizamos y decretamos cosas. Podemos hablarle a las circunstancias. Vemos este principio en Génesis 2 cuando Dios hizo que Adán les diera nombre a los animales. Génesis 2:19 dice: *"[...] y todo lo que Adán llamó a los animales vivientes, ese es su nombre"*. En la actualidad se aplica el mismo principio con respecto al poder de las palabras. Lo que hablemos con nuestra boca, lo hacemos realidad, y sucederá exactamente como lo llamemos y lo profeticemos, de una manera semejante a los animales a los que Adán dio nombre.

Recuerde que la gracia está a su disposición. Por último, recuerde que su avance tiene nombre y se llama Juan, que, como mencionamos anteriormente, significa gracia. La gracia está a su disposición: *"Y poderoso es Dios para hacer que abunde en vosotros toda gracia"* (2 Corintios 9:8).

Ahora que la gracia nos ha sido dada, por y a través de Jesús, podemos acercarnos al trono de Dios y recibir gracia, misericordia y ayuda en nuestra necesidad. La gracia es un favor inmerecido, y un ingrediente necesario que nos ayuda a avanzar. Esto debe animarlo porque significa que usted no tiene que intentar hacer que las cosas sucedan en sus propias fuerzas. Tenemos un espíritu rompedor en nuestro interior como cristianos, y ahora necesitamos levantarnos y creer que recibimos cuando le pedimos a Dios y lo buscamos para lograr un avance.

¡Podemos ver en todos estos ejemplos que la gracia siempre precede al avance! No somos muy diferentes de Zacarías y Elisabet. Podemos aplicar estos principios y entrar en la gracia que está a nuestra disposición. Todo ello porque dentro de nosotros, quienes nacimos de nuevo por medio de Jesucristo, poseemos el espíritu y la capacidad para avanzar. Se nos han dado los ingredientes que necesitamos. Solamente necesitamos saber cómo darlos a luz como una mujer encinta físicamente.

LA GRACIA SE ENCUENTRA CON EL AVANCE

Nosotros poseemos los ingredientes necesarios en nuestro interior para dar a luz nuestro avance. Se nos ha dado gracia y está fácilmente a nuestra disposición en nuestra búsqueda de avance y de convertirnos en rompedores de barreras. Es tan poderoso cuando la gracia se encuentra con el avance. ¡Existe una sinergia cuando ambos trabajan juntos para manifestar avance y bendiciones! Podemos ver lo que sucede cuando la gracia (Juan) se encuentra con Jesús el Rompedor. Digamos que provoca una respuesta o reacción. ¡Podemos verlo cuando Elisabet, embarazada con Juan, a los seis meses se encontró con María, que estaba embarazada con Jesús, el Rompedor! Cuando ambas se encontraron, ¡algo sucedió! La Biblia dice que el bebé Juan (gracia) brincó en el vientre de su madre Elisabet con el saludo y el encuentro entre ella y María. La gracia y el Avance estaban por conocerse, y hubo saltos y gozo como respuesta.

> Y aconteció que cuando oyó Elisabet la saluta-
> ción de María, la criatura saltó en su vientre;
> y Elisabet fue llena del Espíritu Santo [...]
> Porque tan pronto como llegó la voz de su
> salutación a mis oídos, la criatura saltó de
> alegría en mi vientre (Lucas 1:41, 44).

Sucede de la misma manera en el espíritu cuando nos colocamos para entrar en la gracia que está a nuestra disposición, y que hace que nuestro avance venga. ¡Provoca una respuesta en el espíritu como el brinco de Juan en el vientre! Cuando la gracia es parte de su avance, Dios responde, los ángeles responden y usted recibe las respuestas a sus oraciones. ¡Su avance llega! Su encuentro, para nosotros significa, espiritualmente hablando, el encuentro entre dos elementos de avance. La gracia necesita un avance y el avance necesita gracia para ayudar a prepararnos para traer milagros. Existe un principio clave en el encuentro de Elisabet con Juan (gracia) en el vientre y María con Jesús (avance) en el vientre, lo que muestra que la gracia y el avance deben trabajar juntos. Una vez más, la razón por la que Juan nació antes que el Rompedor fue porque la gracia precede al avance.

Otro ejemplo de la gracia y el avance juntos que produce una respuesta celestial, sucedió cuando Juan bautizó a Jesús en el río Jordán. De nuevo, la gracia y el avance se encontraron, lo que produjo resultados sobrenaturales. En nuestra vida podemos esperar estos mismos resultados.

> *Aconteció en aquellos días, que Jesús vino de Nazaret de Galilea, y fue bautizado por Juan en el Jordán. Y luego, cuando subía del agua, vio abrirse los cielos, y al Espíritu como paloma que descendía sobre él. Y vino una voz de los cielos que decía: Tú eres mi hijo amado; en ti tengo complacencia. Y luego el espíritu le impulsó al desierto* (Marcos 1:9–12).

Mire la reacción poderosa del encuentro de la gracia y el avance. Juan bautiza a Jesús y la Biblia registra lo siguiente: los cielos estaban abiertos, lo cual significa acceso a Dios. Más adelante registra al Espíritu Santo entrando y haciéndose parte de nuestro destino. ¡También escuchamos la voz de Dios hablando para dar aprobación y dirección! Finalmente, el Espíritu Santo viene y dirige a Jesús al desierto para ser tentado por el diablo. Esto quiere decir que el Espíritu Santo pone a disposición la gracia, la cual lo lleva a la victoria sobre el diablo.

La gracia está a nuestra disposición y nos ayuda a convertirnos en rompedores de barreras. Podemos ver esto al examinar la vestimenta y la dieta de Juan. La Biblia dice que él vestía pelo de camello y comía langostas y miel silvestre. Marcos 1:6 dice: *"Y Juan estaba vestido de pelo de camello, y tenía un cinto de cuero alrededor de sus lomos; y comía langostas y miel silvestre"*. Esto no suena como una vestimenta y una dieta para la mayoría, ¿o sí? Sin embargo, podemos deducir aplicaciones proféticas a partir de estos ejemplos naturales, de cómo nos puede ayudar la gracia si nos vestimos de ella y la mantenemos como nuestra fuente saludable de la cual alimentarnos espiritualmente. En primer lugar, la gracia nos ayuda a llevar las cargas y preocupaciones de esta vida. Esta verdad profética se encuentra en la vestimenta de Juan de pelo de camello, porque el camello es un animal que soporta cargas. Asimismo revela que la gracia está a disposición para cualquier carga que llevemos. Vestirnos de la gracia no es llevar nuestras cargas y permitir que nos abrumen, sino dárselas a Jesús. Es por ello que Jesús dijo: "Porque mi yugo es fácil y ligera mi carga" (Mateo 11:30). Esto se debe a que Él caminó en una revelación constante de la gracia y como resultado vivió una vida de avance.

En segundo lugar, vemos a Juan comiendo langostas, lo que le permitía actuar bajo la ley (Levítico 11:22). Esta es una indicación profética de las cosas que intentan devorar nuestra vida y detener nuestra cosecha. Las langostas se conocen por destruir cultivos, pero la gracia que nos ha sido dada le da poder a nuestra vida. Lo hace de manera poderosa con las "langostas" espirituales enviadas para destruir nuestro avance. En lugar de que las langostas nos devoren, nosotros, como Juan, ¡las devoramos a través de la gracia y las comemos en el almuerzo!

En tercer lugar, la miel silvestre que Juan comía es lo que una vida de gracia y avance nos da. La gracia sabe como a miel silvestre. Es tan dulce cuando nos establecemos en la bendición completa y el potencial que nos proporciona la gracia. Así que, ¡como rompedores de barreras podemos vivir en la gracia, llevar nuestras cargas en la vida, devorar a nuestros enemigos y vivir una vida abundante dulce y satisfactoria!

Hemos visto que el nombre y la vida de Juan, revela un ingrediente principal de la gracia necesario para el avance, porque está conectado con la gracia. En la Biblia, los nombres eran muy importantes de acuerdo con la tradición judía. En la cultura judía, el nombre tenía un significado importante. Usted es lo que dice su nombre. Por ejemplo, Judá significa "alabanza". Fares significa "avance". Los nombres bíblicos hablan del carácter y revelan un significado profético.

Cuando mi esposa, Brenda, y yo tuvimos nuestros dos hijos Matthew y Jonathan, oramos y le pedimos sus nombres a Dios. Le pedimos al Señor que nos diera nombres con respecto a algo importante de sus vidas y su destino. Hasta el día del ultrasonido, no sabíamos si tendríamos niños o niñas. De manera que le pedimos a Dios que nos diera nombres. Pedíamos, esperando que Dios nos mostrara algo profético o significativo.

Cuando nació nuestro primer hijo, el Señor nos dijo que Él nos había dado su regalo. Pensamos: "¡Caramba! ¡Qué lindo que Dios nos dio su regalo!". Sin embargo, pronto sabríamos que Él estaba hablando del significado de lo que sería el nombre de nuestro hijo. Los llamamos Matthew, que significa regalo de Dios. Él es el regalo de Dios para nosotros, y entre más crece, más se convierte eu un regalo para nosotros. Él es un líder fuerte y dotado, y un conferencista que ama a Dios. Es verdaderamente un regalo de Dios para nosotros y para muchos que lo han conocido.

Cuando mi esposa estaba embarazada de nuestro hijo menor, una vez más le preguntamos a Dios, al igual que con Matthew. Estábamos sentados en la sala de espera del consultorio del médico, cuando Dios me habló. Él dijo: "Jehová ha dado". Después escuché el nombre Jonathan. Recuerdo recostarme sobre mi esposa cuando estábamos listos para el ultrasonido en algunos minutos, para decirle lo que había escuchado. Ambos nos reímos y comenzamos a preguntarnos si Dios nos daría un hijo. ¡Claro que sí! Él lo nombró Jonathan, que quiere decir "Jehová ha dado".

También recuerdo, con respecto al nacimiento de Jonathan, que el Señor me dijo cuándo nacería. Le comenté a nuestro médico, con quien teníamos amistad, que el Señor me había dicho el día en que nacería nuestro hijo. Él dijo: "Bueno, Hank, planearé estar ahí ese día". Nuestro hijo Jonathan nació en la hora exacta que el Señor dijo. Fue una señal verdadera de Dios. Jonathan, como su nombre lo indica, es verdaderamente un hijo que el Señor nos ha dado, y una gran bendición que Dios nos dio. Él tiene un fuerte espíritu de avance, una capacidad para orar y un amor real por el Señor. Esto muestra cuán importantes son los nombres.

Si los nombres no fueran importantes, ¿se ha preguntado por qué las personas no les dan nombre de criminales o gente malvada a sus hijos? Por ejemplo, usted no suele encontrar gente que llame a sus hijos Jezabel, Lucifer, Satanás, Hitler o Nimrod. Normalmente les dan el nombre de alguien o algo bueno, y generalmente escogen nombres bíblicos como Noé, David, Pablo, Lucas, María o Raquel, por decir algunos.

Podemos ver que esto se aplica en el significado de los hijos de Judá en la manera en que se relacionan con quienes necesitamos un avance. Encontramos una imagen profética de cómo dar a luz nuestro momento de avance y convertirnos en un rompedor de barreras al estudiar los nombres de los hijos de Judá.

*Los hijos de Judá: Er, Onán, Sela, Fares y
Zara; mas Er y Onán murieron en la tierra de*

*Canaán. Y los hijos de Fares fueron Hezrón y
Hamul* (Génesis 46:12).

En este versículo vemos el progreso y los ingredientes
para producir un avance. Cuando usted lee por primera vez
este versículo, parece que menciona algunos de los nombres
de los hijos de Judá, pero los nombres en hebreo son un patrón que nos ayuda en nuestro avance. No es solamente una
lista de nombres sin propósito. Es un progreso profético que
si lo aplica, le ayudará a traer su momento de avance.

Veamos el significado de sus nombres y descubramos por
qué son ingredientes útiles.

- *Judá* = *"alabanza"*[1]

- *Er* = *"vigilante"*[2]

- *Onán* = *"fuerte"*[3]

- *Sela* = *"oración"*[4]

- *Fares* = *"avance"*[5]

- *Zara* = *"amanecer" "brote"*[6]

- *Hijos de Fares:*

  - *Hezron* = *"recinto"*[7]

  - *Hamul* = *"separado por Dios"*[8]

Al ver esta lista de nombres en hebreo y sus significados,
vemos los ingredientes, el progreso y los resultados del avance
si los aplicamos. Debemos comenzar con la alabanza *(Judá).*
Esto le abre camino al espíritu para traer nuestro avance y
atrae a Dios a nuestras situaciones. Como resultado de nuestra alabanza, nos hacemos más vigilantes y perspicaces *(Er)*

hacia cualquier cosa que intente robarnos nuestro avance. Esto nos permite permanecer sobrios, diligentes y vigilantes para hacer que nuestra semilla de avance se manifieste. Esto trae fuerza espiritual *(Onán)* y resistencia para mantener nuestro espíritu de avance y no rendirnos hasta abrir camino. Esto lo logramos al mantenernos dedicados en oración *(Sela)*. Todos estos ingredientes: alabanza, *Judá*, vigilancia, *Er*, mantenerse fuerte, *Onán*, y estar dedicados en oración, *Sela*, nos llevan a nuestro avance, *Fares*. La historia no acaba aquí, porque lo siguiente al progresar en nuestro momento de avance es que recibimos la bendición. Después, la bendición del amanecer, el brote *(Zara)* se hace presente. En otras palabras, tenemos un nuevo día y nuestra semilla de avance (Amanecer, *Zara*), que comenzó con una semilla de alabanza *(Judá)*, ¡trae lo que deseamos! El resultado final del avance también se encuentra en esta lista de los hijos de Fares. Después de haber progresado como lo hemos mencionado, entonces tenemos un avance *(Fares)* que viene y resulta en la protección y cuidado de Dios *(Hezron)*, ¡y como resultado somos separados por Dios *(Hamul)*!

Podemos ver estos ingredientes útiles en el ejemplo de los hijos de Judá que llevan al nacimiento de nuestro momento de avance. ¡Todos estos ingredientes se juntan y usted obtiene los resultados que desea!

Es importante que no deje nada fuera. Lo mismo sucede en otras áreas de su vida. Usted puede tener todos los ingredientes que necesita, pero si no sigue las instrucciones o excluye una, puede no tener los resultados correctos. Un ejemplo de esto puede verse en la cocina. Usted tiene todos los ingredientes listos antes de preparar una torta, pero si deja uno fuera y la termina con prisa, puede terminar con un desastre. He hecho esto varias veces al cocinar, como estoy seguro de que muchos ustedes lo han hecho también, y después de hacer el trabajo pesado, esperar y anticipar el momento del gozo de comerlo; ¡es frustrante cuando no sabe bien! Ha habido veces en las que he tenido que comenzar de nuevo porque me salté instrucciones o dejé fuera un ingrediente importante.

Es importante colocar todas las instrucciones e ingredientes importantes juntos para ser rompedores de barreras. ¿A cuántos de nosotros realmente nos gusta leer y seguir las instrucciones al construir algo? Muchas veces he reunido las piezas para descubrir que, cuando termino, no funcionan, o no las ensamblé correctamente porque no seguí las instrucciones. Algunas veces me las he saltado rápidamente intentando obtener la bendición final de lo que estoy construyendo. Prefiero ver las imágenes en lugar de leer las instrucciones, pensando que puedo construirlo y averiguarlo por mí mismo.

Cuando mi esposa Brenda y yo íbamos a tener nuestro primer hijo, comenzamos a preparar su habitación. Estábamos muy emocionados por comenzar a construir cosas y por ensamblar la cuna y los muebles del bebé, pero en realidad no sabíamos lo que hacíamos. Debo admitir que Brenda era más diestra que yo para construir cosas. A menudo necesitaba que ella me ayudara a averiguar por qué no podía armar algo correctamente. Éramos una pareja casada, joven, feliz trabajando en la cuna de nuestro primogénito. Todo parecía marchar bien ya que yo pensaba que había seguido las instrucciones, pero en realidad no las había leído y solamente había visto las imágenes. ¡Repasaba las instrucciones rápidamente porque lo único que quería ver era el producto final!

¡Qué increíble! Finalmente habíamos terminado y se veía hermoso, con excepción de un pequeño problema. ¿Por qué había tantas piezas sobrantes? Todo parecía estar bien. Después de todo, solamente era una cuna de bebé. Lo siguiente que hice fue colocar el colchón dentro de la cuna recién construida, cuando de pronto, ¡hubo un ruido y una sacudida! ¡Nuestra hermosa obra de arte comenzó a desarmarse, y el colchón se estrelló en el piso! ¡Gracias al Señor que no había un bebé dentro de la cuna! ¡Humildemente le pedí a Brenda que averiguara por qué no había funcionado, y ella la ensambló con éxito y cuidado!

Muchas veces, como en mis ejemplos de la cocina o de la construcción de la cuna, podemos ser nuestro peor enemigo al recibir o dar a luz nuestro momento de avance. ¿Qué quiero decir con ser los enemigos de nuestro propio avance? Uno de los peores enemigos es lo que dije anteriormente. Querer una dádiva en lugar de dar a luz nuestro propio avance. O posiblemente estamos intentando forzar algo en lugar de dar alabanza, mantenernos fuertes y estar dedicados a la oración y entrar en la gracia que ya tenemos. Probablemente no estamos siendo diligentes para caminar con la Palabra de Dios y continuar declarando sus promesas. Puede ser que sintamos que realmente arruinamos las cosas y que no podemos construir nada correctamente. ¡Quiero animarlo porque usted tiene la gracia! Recuerde: ¡nosotros no podemos, por lo tanto Dios debe hacerlo! La clave es que no debemos abortar nuestro avance. Esto es parte del plan del diablo para frustrarlo y que se concentre en sí mismo, y finalmente llevarlo a rendirse, de manera que usted se convierta en enemigo de su propio momento de avance.

Si usted es así, quiero animarlo, ya que nunca es demasiado tarde para cambiar. Siempre comienza con pequeños pasos y pequeñas decisiones, si usted determina que quiere cambiar. Lo importante es que usted nació para ganar, usted nació para tener éxito. Solamente debe dar un paso y aplicarse en los principios que ya hemos leído. Usted tiene gracia en su momento de necesidad. Nosotros no debemos hacer que las cosas sucedan, y tampoco debemos relajarnos sin hacer nada. No tenemos por qué ser nuestro peor enemigo. Tenemos gracia para vencer al enemigo, levantarnos y dar a luz nuestro momento de avance.

LOS ENEMIGOS DE SU AVANCE

Cuando establezcamos lo que necesitamos realizar y determinemos no ser enemigos de nuestro propio avance, entonces buscaremos nuestro avance.

Si el diablo puede volverlo ineficaz, entonces puede robarse su avance. Generalmente, el lugar donde comienza es en nosotros, pero si él no puede lograr usarlo a usted para lograrlo, entonces intentará otros caminos. Él intenta condenarlo, acusarlo y hacer que usted piense que no puede hacer nada. Lo importante es darse cuenta de que el diablo no quiere que usted avance y tenga éxito. No debe desanimarse sino saber que siempre habrá cosas intentando detener, obstruir o abortar su avance. Eso simplemente es parte de la carrera. Es lo que le sucedió a Jesús. Herodes, quien era un rey malvado y pervertido, intentó detener el avance tan pronto como escuchó que Jesús había nacido. Ordenó asesinar al bebé, pero no pudo encontrar a Jesús, de manera que decidió asesinar a todos los bebés menores de dos años, esperando que Jesús fuera uno de ellos (Mateo 2:16).

El diablo siempre intenta utilizar a la gente como títeres para sus planes malvados. Él lo hizo cuando utilizó a Herodes y a otros para levantarse contra Jesús. Lo hizo también con el apóstol Pablo, al provocar a la gente de manera demoníaca contra él. Es por esto que la Biblia dice que peleó con las fieras de Éfeso. No quería decir que Pablo luchaba contra fieras físicas de camino a sus reuniones para predicar, sino que le escribió a la iglesia de Éfeso que su lucha no era contra lo físico, sino contra espíritus demoníacos (Efesios 6:12). El diablo utiliza a estos espíritus para venir contra los humanos con el fin de resistirlos y obstruirlos, de manera que no avancen. Pablo también podría haberse referido con "las fieras de Éfeso", como algunos han escrito en sus comentarios, a discutir con los judíos en Éfeso, en Hechos 18. Cualquiera que sea el caso, es evidente que Pablo tuvo una confrontación con mucha gente inspirada por demonios. Otros comentarios dicen que las fieras de Éfeso se refiere a los leones con los que los cristianos luchaban en un espectáculo de gladiadores. Según cualquier acepción que escojamos creer, podemos concluir que los demonios eran la fuente suprema de este comportamiento y ataque contra Pablo y los cristianos sin importar la circunstancia.

En uno de estos ejemplos, podemos leer el día que Pablo estaba buscando un avance contra un espíritu abofeteador. Este espíritu era un aguijón en la carne de Pablo enviado para obstruirlo y detener su avance.

Y para que la grandeza de las revelaciones no
me exaltase desmedidamente, me fue dado un

aguijón en mi carne, un mensajero de Satanás que me abofetee, para que no me enaltezca sobremanera; respecto a lo cual tres veces he rogado al Señor, que lo quite de mí. Y me ha dicho: Bástate de mi gracia; porque mi poder se perfecciona en la debilidad. Por tanto, de buena gana me gloriaré más bien en mis debilidades, para que repose en mí el poder de Cristo (2 Corintios 12:7–9).

De manera que este aguijón en la carne del que hablaba Pablo, no era todo aquello que la tradición y la religión han especulado. No es difícil darse cuenta cuando la Biblia nos dice que es un mensajero de Satanás, un espíritu demoníaco enviado para detener su avance. ¿Pudo ver la respuesta que el Señor le dio a Pablo, diciendo que lo ayudaría en su avance? El Señor le dijo que la gracia sería la clave: la gracia que él ya poseía y de la que solamente podía echar mano por la fe. Es la misma gracia que vimos antes con Juan, la cual es un elemento clave para ayudarnos a romper cualquier resistencia demoníaca. ¡La gracia precede al avance y está disponible para traer nuestra victoria!

Nosotros tenemos victoria sobre el diablo y gracia para resistirlo, que nos fue dada por Jesús. De hecho, el Salmo 91 da una lista de tres cosas en las que tenemos victoria y paso franco, y que tienen que ver con las cosas que el diablo utiliza para detener nuestro avance.

Sobre el león y el áspid pisarás; hollarás al cachorro del león y al dragón (Salmos 91:13).

Observe que dice el león, el áspid y el dragón, que son tres cosas proféticas sobre las que podemos tener victoria.

1. *El león* — estos son los enemigos de su avance que parecen intimidantes y que vienen en su contra ruidosa y temiblemente como un león.

2. *El áspid* — estas son las cosas pequeñas que vienen a molestarlo. Como el áspid, una serpiente que no es fácil de detectar, estas pequeñas distracciones quieren desviarlo de su rumbo u obstruirlo en su avance.

3. *El dragón* — estos son ataques que vienen contra su mente y sus pensamientos. Así como el dragón no existe más que en la fantasía, estos enemigos de su avance son cosas o circunstancias que el diablo crea para hacerlo pensar que existen, pero que en realidad no están allí. Esto es con el propósito de que usted se retire, y él los utiliza para obstaculizar su avance.

El diablo utiliza estas cosas para intentar intimidarlo y evitar que usted sea un rompedor de barreras así como para obstruir su avance. Algunas veces estas cosas también pueden ser enemigos de sus avances que el diablo utiliza cuando usted desea que su momento de avance se manifieste. En los libros de Esdras y Nehemías vemos ejemplos de esto cuando utilizó a unos hombres llamados Sanbalat y Tobías para intentar detener el proceso de construcción que organizaban Nehemías y los hijos de Israel. Él buscó detener su avance y aún utiliza lo mismo para evitar que nos abramos camino.

1. Intenta debilitarlo y atemorizarlo. *Pero el pueblo de la tierra intimidó al pueblo de Judá, y lo atemorizó para que no edificara* (Esdras 4:4).

2. Utiliza la persecución, se burla de usted y lo ridiculiza. *Cuando oyó Sanbalat que nosotros edificábamos el muro, se enojó y se enfureció en gran manera, e hizo escarnio de los judíos* (Nehemías 4:1).

3. Intenta ocasionarle problemas. *Y lo atemorizó para que no edificara* (Esdras 4:4). Utiliza a su gente para dar consejo falso. *Sobornaron además contra ellos a los consejeros para frustrar sus propósitos [...]* (Esdras 4:5).

4. Utiliza cosas para traer frustración. *Para frustrar sus propósitos* (Esdras 4:5).

5. Trae acusaciones en su contra. *Escribieron acusaciones contra los habitantes de Judá y de Jerusalén* (Esdras 4:6).

6. Provoca que su gente conspire en su contra. *Y conspiraron todos a una para venir a atacar Jerusalén y hacerle daño* (Nehemías 4:8).

7. Esparce mentiras y levanta chisme en su contra. *Entonces envié yo a decirle: No hay tal cosa como dices, sino que de tu corazón tú lo inventas* (Nehemías 6:8).

8. Envía muchas distracciones y utiliza a la gente con motivos equivocados para obstruirlo. *Ven y reunámonos en alguna de las aldeas en el*

*campo de Ono. Mas ellos habían pensado
hacerme mal. (Nehemías 6:2).*

9. Utiliza el temor en su contra. *Porque todos ellos
nos amedrentaban, diciendo: Se debilitarán las
manos de ellos en la obra, y no será terminada.
Ahora, pues, oh Dios, fortalece tú mis manos*
(Nehemías 6:9).

Nehemías y los hijos de Israel resistieron estas conspiraciones que el diablo intentaba utilizar para detenerlos y obstruir su momento de avance. Si ellos sobrevivieron, usted también puede hacerlo. A usted se le ha dado gracia para traer su victoria a la realidad, ¡porque el Mayor vive en usted!

Su cetro para el avance

Nosotros tenemos autoridad sobre el diablo y sus maquinaciones. Se nos ha dado un cetro de autoridad de Jesús el Rompedor. La Biblia dice que incluso Judá tenía un cetro que nunca lo dejaría hasta que el gobernador supremo viniera. Sabemos que el gobernador supremo es el Señor.

*No será quitado el cetro de Judá, ni el legislador de entre sus pies, hasta que venga Siloh;
y a él se congregarán los pueblos* (Génesis
49:10).

¡Dios le dio el cetro a Judá, el cual sería transmitido a sus descendientes hasta llegar a Jesús, el Rompedor, y más tarde a nosotros! Este cetro ahora está en las manos de Jesús y también nos ha sido dado para gobernar y reinar con Él. Ahora podemos utilizar la autoridad que nos ha sido dada.

Podemos asirla fuertemente como Jacob se prendió del calcañar de su hermano, o Judá del cetro. Tenemos un cetro celestial y autoridad para ser rompedores de barreras.

Tenemos autoridad y gracia a nuestra disposición en Cristo, el Rompedor. El diablo odia esto y no quiere que usted tenga un espíritu de avance como Fares, o que sostenga su cetro como Judá. ¡El diablo odia la gracia y la autoridad que se le ha dado a usted sobre él!

Es por ello que cuando Jesús estaba siendo acusado y ellos estaban listos para crucificarlo, pusieron una caña en su mano para burlarse de él.

> *Y pusieron sobre su cabeza una corona tejida de espinas, y una caña en su mano derecha; e hincando la rodilla delante de él, le escarnecían [...]* (Mateo 27:29–30).

Esta era una burla de los espíritus demoníacos quienes utilizaban al hombre para insultar a Jesús y su Reino. Estos mismos espíritus se burlan de nosotros y hacen parecer que no tenemos autoridad o poder para avanzar. ¿Cómo podemos saber esto?

En primer lugar, cuando pusieron una caña en la mano de Jesús fue para insinuar que le daban un cetro a un rey, lo cual significaba gobierno y autoridad. Por ello se burlaban de él diciendo: "Salve, Rey de los judíos".

> *E hincando la rodilla delante de él, le escarnecían, diciendo: ¡Salve, Rey de los judíos! Y escupiéndole, tomaban la caña y le golpeaban en la cabeza* (Mateo 27:29–30).

Ellos decían: "Mírate Jesús, no tienes autoridad y tu Reino no tiene poder". Sabemos que el Reino de Jesús tiene poder porque incluso Pilato estaba despepitando actuando como un gran gobernador autoritario hasta que Jesús le habló. Pilato le dijo a Jesús: "¿No sabes que tengo el poder de crucificarte?" ¡Me encanta la respuesta que dio Jesús! Le respondió a Pilato y puso las cosas en perspectiva al decir: "Tú no tienes poder a menos que mi Padre te lo dé. Ningún hombre toma mi vida a menos que yo la dé".

> Y entró otra vez en el pretorio, y dijo a Jesús: ¿De dónde eres tú? Mas Jesús no le dio respuesta. Entonces le dijo Pilato: ¿A mí no me hablas? ¿No sabes que tengo autoridad para crucificarte, y que tengo autoridad para soltarte? Respondió Jesús: Ninguna autoridad tendrías contra mí, si no te fuese dada de arriba; por tanto, el que a ti me ha entregado, mayor pecado tiene (Juan 19:9–11).

¡Caramba, eso es poder! Pilato obtuvo inmediatamente una revelación de este Rey de reyes y Señor de señores. La Biblia dice que se lavó las manos y no tuvo nada más que hacer con este Jesús, soltándolo así a la voluntad del pueblo.

En segundo lugar, sabemos que los demonios, a través de los hombres, se burlaron del Reino de Jesús utilizando una caña. La razón por la que utilizaron una caña fue para mostrar debilidad porque en el Medio Oriente, estas largas cañas vuelan en dirección del viento vehemente del desierto y se doblan hasta casi romperse, pero vuelven a su posición. Ellos comparaban a Jesús con una caña débil y sin poder que se dobla en cualquier dirección en la que sopla el viento sin soporte. Por esta razón, Jesús dijo de Juan el Bautista: "¿Salieron a ver una caña sacudida por el viento?". Mateo 11:7 dice: *"Mientras ellos se iban, comenzó Jesús a decir de Juan a la gente: ¿Qué salisteis a ver al desierto? ¿Una caña sacudida por el viento?"*. Al comparar el ministerio de Juan con una caña, estaba diciendo que Juan no era cobarde y que como profeta no era alguien "que siguiera la corriente" o que lo afectara la opinión popular, sino que era un profeta poderoso, firme ante los hombres y sumiso a Dios.

Menciono todo esto para que usted sepa y se dé cuenta de cuán poderosas son la gracia y la autoridad disponibles para usted, ya que nos han sido dadas. Jesús nos dio gracia y autoridad para vencer. ¡Dios, el Padre, nos mostró esto al darle a Jesús una vara, un cetro, como lo primero que hizo cuando Jesús ascendió! Observe lo que dice la Biblia que hizo Dios.

> *Mas el Hijo dice: Tu trono, oh Dios, por el siglo del siglo; cetro de equidad es el cetro de tu reino* (Hebreos 1:8).

¡Caramba! Dios le dio a Jesús un cetro y lo llamó Dios, ordenándole sentarse a su diestra. Dios decía: "Toma esto, diablo. ¡Mi Hijo no es un Jesús cobarde, y su Reino y su autoridad no son débiles! ¡Él es el Rompedor y yo le di mi cetro para probarlo!". ¡Él vive en nosotros! ¡De hecho, Dios no se detuvo ahí! Él les dio el cetro a todos aquellos quienes están en Cristo. ¡Este cetro ya no está en las manos del hombre físico, Judá, sino yace en las manos espirituales de aquel llamado el León de la tribu de Judá!

> *Y uno de los ancianos me dijo: No llores. He aquí que el León de la tribu de Judá, la raíz de*

David, ha vencido para abrir el libro y desatar
sus siete sellos (Apocalipsis 5:5).

Desde luego, esto habla de nuevo de Jesús, ¡el aplastador de serpientes! ¡Somos parte de esa tribu celestial llamada la Iglesia! Jesús dijo: *"Toda potestad me es dada en el cielo y en la tierra. Por tanto id [...] y he aquí yo estoy con vosotros todos los días [...]"* (Mateo 28:18–20). Él estaba diciendo: "¡Yo, el Rompedor, estoy en ustedes para ayudarlos a avanzar! Ustedes tienen mi cetro de poder, autoridad y gracia. ¡Ahora, vayan y abran brecha!".

NOTAS

1. Blue Letter Bible. "Dictionary and Word Search for *Yĕhuwdah (Strong's 3063)*". Blue Letter Bible. 1996-2010. 11 de agosto de 2010. < http:// www.blueletterbible.org/lang/lexicon/Lexicon.cfm? strongs=H3063 >

2. Blue Letter Bible. "Dictionary and Word Search for *Er (Strong's 6147)*". Blue Letter Bible. 1996-2010. 11 de agosto de 2010. < http:// www.blueletterbible.org/lang/lexicon/Lexicon.cfm? strongs=H6147 >

3. Blue Letter Bible. "Dictionary and Word Search for *Onan (Strong's 209)*". Blue Letter Bible. 1996-2010. 11 de agosto de 2010. < http:// www.blueletterbible.org/lang/lexicon/Lexicon.cfm? strongs=H209>

4. Blue Letter Bible. "Dictionary and Word Search for *Shelah (Strong's 7956)*". Blue Letter Bible. 1996-2010. 11 de agosto 2010. < http:// www.blueletterbible.org/lang/lexicon/Lexicon.cfm? strongs=H7956>

5. Blue Letter Bible. "Dictionary and Word Search for *Pharez (Strong's 6555)*". Blue Letter Bible. 1996-2010. 11 de agosto 2010. < http:// www.blueletterbible.org/lang/lexicon/Lexicon.cfm? strongs=H6555>

6. Blue Letter Bible. "Dictionary and Word Search for *Zerah (Strong's 2226)*". Blue Letter Bible. 1996-2010. 11 de agosto

2010. < http:// www.blueletterbible.org/lang/lexicon/Lexicon.
cfm? strongs=H2226>

7. Blue Letter Bible. "Dictionary and Word Search for Hezron
(Strong's 2696)". Blue Letter Bible. 1996-2010. 11 de agosto
2010. < http:// www.blueletterbible.org/lang/lexicon/Lexicon.
cfm? strongs=H2696>

8. Blue Letter Bible. "Dictionary and Word Search for *Hamul
(Strong's 2538)*". Blue Letter Bible. 1996-2010. 11 de agosto 2010.
< http:// www.blueletterbible.org/lang/lexicon/Lexicon.
cfm? strongs=H2538>

Capítulo cinco

DESARROLLE UN ESPÍRITU ROMPEDOR DE BARRERAS

Y el niño crecía, y se fortalecía en espíritu;
y estuvo en lugares desiertos hasta el día
de su manifestación a Israel (Lucas 1:80).

ESTABA MARTILLANDO CON el mazo tan fuerte como podía, golpeé el zócalo de concreto de la entrada, solamente para sentir las vibraciones del cemento en mi cuerpo, pero no había signos de avance. Apenas con fuerza para levantarlo, martillé una vez más. Estaba determinado a agrietar el cemento de la entrada que estaba intentando romper. Me habían contratado para ayudar a un caballero a romper el viejo cemento de la entrada de su casa para poder instalar uno nuevo. En ese tiempo apenas era un adolescente y el dinero parecía suficiente, así que pensé intentarlo. Sin embargo, en realidad no me podía hacer a un lado, porque el hombre para el que estaba trabajando era amigo de la familia y mi papá le dijo que yo lo haría.

Ahí estaba yo en un día caluroso de verano, buscando romper el cemento, pero era en vano. ¿Le suena a alguna situación suya? ¿Usted está dando su mejor esfuerzo pero no ve ni siquiera una pequeña señal de avance? Este nuevo empleo pudo más que yo y yo estaba fuera de lugar. Continué intentando romper el concreto, aunque fuera un poco, para aplacar mi propia frustración. El mazo se hacía más pesado y yo me fatigaba más. De ninguna manera estaba preparado físicamente para ese tipo de trabajo que había aceptado. Después de batallar un poco más, sin resultados, el hombre para el que trabajaba decidió que yo debía ir a hacer otra cosa. Me lo sugirió, ya que se dio cuenta de que no podía romper el concreto de la entrada. De manera que él comenzó a blandir el mazo como si no pesara nada y a romper grandes bloques de concreto como si nada. Mi trabajo ahora era levantar estos pedazos de cemento y colocarlos en la caja del camión. El único problema con esto era que yo era un adolescente delgadito, ya cansado por sus esfuerzos con el mazo. De modo que ahora yo apenas podía levantar los trozos de concreto.

Siempre me había enorgullecido del trabajo arduo y sentía una especie de honor al hacer mi trabajo lo mejor que podía. Comencé a intentar levantar las piezas y a meterlas al camión, mientras que mi jefe rompía sin parar el resto del cemento. Puse algunos bloques en el camión y después fui por el grande. Apenas pude llevar el gran bloque de concreto hacia el camión, y al no poder levantarlo más, ¡sucedió lo inconcebible! Caí de espaldas con la pieza de concreto sobre mí. Gracias al Señor, mi jefe se dio cuenta y corrió rápidamente para levantar la roca y me ayudó a sacudirme. Bueno, había terminado mi primer día, pero no tardé en convencerme, como lo pude averiguar después de pocas horas de trabajo, de que no estaba suficientemente desarrollado para el avance deseado. No tomó mucho convencerme de abandonar el empleo y esperar hasta crecer más y tener mayor capacidad para soportar ese tipo de trabajo.

La razón por la que algunos de nosotros no experimentamos un avance, como yo con el camino de concreto, no se debe a que no tengamos el equipo correcto. Yo tenía el equipo correcto para realizar el trabajo, así como nosotros tenemos la gracia y la autoridad para realizar el trabajo en la vida. La verdad es que tenemos el equipo y la gracia para ser rompedores de barreras, pero a menudo no hemos desarrollado la fortaleza y la habilidad necesarias para experimentar avances mayores, de manera que nuestra vida es un vaivén con pocos o ningún resultado. Aquí es donde debemos crecer y desarrollarnos, justo como lo hicieron Juan el Bautista y Jesús. Recuerde que, como lo hablamos en el capítulo anterior, ambos son una representación profética de la gracia y el avance.

ESPACIO PARA EL AVANCE — DESARROLLE UN ESPÍRITU ROMPEDOR DE BARRERAS

No hay nada de malo en reconocer la necesidad de crecer y madurar; incluso las Escrituras dicen que Juan el Bautista y Jesús tuvieron que hacerlo. Preferiría ver gente que reconoce su inmadurez en algunas áreas y quiere trabajar en ellas, en lugar de gente que cree que lo tiene todo arreglado, pero no es así.

A menudo puede resultar vergonzoso e incómodo crecer

y desarrollarse. Un buen ejemplo de esto es la pubertad, porque es cuando suceden muchos cambios rápidamente. Es por esto que muchos se niegan a crecer espiritualmente, ya sea porque parece requerir demasiados cambios y no están acostumbrados. Madurar y estar dispuestos a cambiar son procesos de la vida. En nuestro caminar con Dios todos estamos en diferentes niveles y etapas de nuestro crecimiento espiritual. Es verdad que algunas personas quizá estén recostadas, otras gateando, mientras que otras caminan, y algunas más pueden correr, pero como rompedores de barreras, todos estamos llamados a elevarnos. Podemos estar en etapas diferentes, experimentando cosas distintas, pero todos necesitamos identificarlas y estar determinados a crecer a partir del punto donde estamos en el presente. Lo importante es que nos levantemos a nuestro potencial completo en Cristo y utilicemos el espíritu rompedor, la gracia y la autoridad que nos han sido dados. Ser rompedor de barreras no se basa en la edad. Existe una gran diferencia entre ser joven en lo físico y joven en el espíritu. El hecho de que alguien sea joven en lo físico, no quiere decir que no puede ser mayor y maduro en el espíritu, y viceversa. De esta manera sucedió con Jesús y Juan el Bautista. Ellos eran jóvenes, pero maduros en el espíritu (Lucas 1:80; 2:40, 52). Incluso vemos a Jesús hablando en el templo a los 12 años, asombrando a la gente con su espíritu maduro y sabiduría (Lucas 2:43, 46–47).

Jesús estaba demostrando lo que hemos mencionado a lo largo de este libro, con respecto a lo que el Señor buscaba y aún busca. Él busca un espíritu rompedor de barreras en la humanidad, sin importar su edad. Como vimos anteriormente, ese poder para avanzar ya habita en los cristianos. Solamente necesitamos crecer y desarrollarnos en algo mayor y más poderoso en nuestra vida. Podemos ver que Juan y Jesús también tuvieron que crecer y desarrollarse para ser rompedores de barreras. La Biblia dice que ambos crecieron y se hicieron fuertes en el espíritu.

- Juan el Bautista.

   "Y el niño crecía, y se fortalecía en espíritu; y estuvo en lugares desiertos hasta el día de su manifestación a Israel" (Lucas 1:80).

- Jesús.

   "Y el niño crecía y se fortalecía, y se llenaba de sabiduría; y la gracia de Dios era sobre él" (Lucas 2;40).

   "Y Jesús crecía en sabiduría y en estatura, y en gracia para con Dios y los hombres" (Lucas 2:52).

Estos versículos parecen ser similares aunque se refieren a dos personas distintas. Se debe a que el Señor nos está diciendo lo que le gusta ver en un rompedor de barreras. Ver estos versículos juntos, nos revela cómo crecer en gracia (Juan) y recibir avances con Jesús.

Continúe creciendo. La clave es tomar la decisión de madurar y crecer en nuestra relación con Dios, su Palabra y en la vida de fe. A todos nos llega un momento en el que necesitamos crecer espiritualmente y deshacernos de la leche que le pertenece a los cristianos jóvenes. Necesitamos madurar, y convertirnos en creyentes maduros que se alimentan de la carne de la Palabra de Dios (Hebreos 5:12–14). Cuando recordamos lo que significan los nombres de Juan y Jesús, y lo que representan sus vidas, entendemos mejor lo que ellos significan para nosotros como rompedores de barreras. Estas referencias del crecimiento de Juan y Jesús, también son referencias proféticas de nuestro crecimiento espiritual.

¡Fortalézcase! Observe que dice "se fortalecía". Esto quiere decir que requerirá decisión, disciplina, trabajo, esfuerzo y un proceso de nuestra parte para convertirnos en rompedores de barreras fuertes. Podemos hacernos más fuertes en gracia y en nuestro avance en el espíritu, ¡pero eso no sucede si no trabajamos! ¡Eso es lo que la Biblia dice de Juan y Jesús, ellos se fortalecieron en espíritu! La clave para la gracia y el avance está en un constante crecimiento y fortalecimiento de nuestra vida espiritual. No podemos esperar hacernos fuertes espiritualmente si no invertimos en nuestra vida espiritual. Una vida espiritual sana consiste en lo que llamo una mesa de cuatro patas. Todas las patas son importantes para la estabilidad de la mesa. Las cuatro patas, que son fuerza y estabilidad para nosotros son: 1) oración diaria, 2) lectura diaria de la Biblia, 3) relaciones cristianas sólidas y 4) estar comprometidos con una iglesia fuerte y sana. Juan el Bautista y Jesús "se fortalecía[n] en espíritu". Fue el espíritu y no una referencia a la fuerza física, aunque pudieron haber sido físicamente fuertes. Esta fuerza espiritual no fue automática, como lo podemos ver, ya que dice que se fortalecieron. Fue un proceso hacia hacerse fuertes en su vida espiritual y su caminar con Dios.

¡Crezca en sabiduría! Jesús "crecía en sabiduría". Una vez más, no fue algo automático por ser Hijo de Dios. Él vino como Dios hecho carne y tuvo que estudiar y aplicar esfuerzo humano también. Tuvo que crecer y alcanzar sabiduría

divina y humana. La sabiduría es necesaria para el avance y para ganar batallas espirituales (Proverbios 24:6). Muchas veces la gente desea un avance, pero no utiliza la sabiduría y la dirección del Señor, y por consiguiente nunca alcanza las metas deseadas. No se debe a la falta de gracia o poder a su disposición lo que le impide avanzar, sino, a menudo, a no apropiarse de la sabiduría divina.

Crezca en la gracia. Esto sucede al caminar en la gracia que le ha sido dada por fe, agradando a Dios. La Biblia dice: *"Pero sin fe es imposible agradar a Dios"* (Hebreos 11:6). Nosotros somos salvos por gracia por medio de la fe y se nos ha dado esa gracia para el avance. Entonces necesitamos continuar edificando nuestra fe, caminar en fe y utilizar nuestra fe para traer avance a nuestra vida a través de la gracia dada. Lo importante es buscar agradar a Dios y crecer en su gracia.

Solamente necesitamos estar determinados a levantarnos y tomar lo que nos pertenece. Eso es lo que hace la gente de fe. Ellos no aceptan la derrota, enfermedad, dolencia, muerte prematura, accidentes, heridas, problemas financieros o el divorcio, ¡por decir algunas cosas! No debemos permitir ser abusados y sentir que estamos frente a una barrera inquebrantable, como el camino que yo intentaba romper. Nosotros poseemos el espíritu rompedor que ya está en nosotros si estamos en Cristo. Este no es un asunto de edad, sino un asunto de reconocer y desarrollar lo que ya nos ha sido dado. Solamente necesitamos seguir desarrollándonos como rompedores de barreras y levantarnos con todo nuestro potencial.

Un buen ejemplo de cómo elevarnos con todo nuestro potencial para poder levantarnos sobre nuestros problemas se encuentra en el libro de Job.

¿Vuela el gavilán por tu sabiduría, y extiende
hacia el sur sus alas? ¿Se remonta el águila por
tu mandamiento, y pone en alto su nido? (Job
39:26–27).

Observe que este versículo dice que el gavilán vuela y el
águila pone en alto. Las palabras "volar" y "pone en alto", así
como la comparación de un águila y un gavilán simbolizan
levantarse en el espíritu para vencer.

Pero los que espera a Jehová tendrán nuevas
fuerzas; levantarán alas como las águilas;
correrán, y no se cansarán; caminarán, y no se
fatigarán (Isaías 40:31).

Los rompedores de barreras esperan en el Señor para recibir fuerzas y ponerse en alto; ¡ellos no permanecen abajo!
¡Ellos aletean, volando sobre los desafíos de la vida y no se
desmayarán ni se rendirán! ¡Solamente necesitamos decidir
levantarnos en la gracia que se nos ha dado como un águila!
Podemos volar hoy, esto no es mañana o algún día en el futuro, ¡sino ahora es el momento de levantarnos! ¡El momento
de determinar levantarnos e ir a otro nivel como rompedores
de barreras es ahora!

Quiero animarlo a no parar de crecer, sino intentar fortalecerse espiritualmente y continuar creciendo en sabiduría y
en la gracia que le ha sido dada en Cristo, ¡porque las cosas
que necesita desarrollar en su vida están más cerca de lo que
cree! Se encuentran en su propia casa. Así sucedió con Eliseo
el profeta. Una mujer sunamita y su esposo hicieron espacio para hospedar a este profeta. En el cuarto había varias
provisiones para ayudar a alojar su ministerio de avance.

Eliseo se estaba desarrollando para ser un mejor rompedor de barreras. La mujer sunamita también estaba por obtener un gran avance por parte del ministerio de Eliseo. Los ítems que ella le proporcionó representan proféticamente las fuentes que necesitamos para crear nuestros propios avances.

> *Yo te ruego que hagamos un pequeño aposento de paredes, y pongamos allí cama, mesa, silla y candelero, para que cuando él viniere a nosotros, se quede en él* (2 Reyes 4:10).

- *Aposento* — Es su cuarto de oración para encontrarse con Dios (Mateo 6:6).

- *Cama* —El lugar donde escucha a Dios y habla con Él (Salmos 63:6).

- *Mesa* — Utilizada para estudiar la Palabra de Dios y alimentarse de ella (2 Timoteo 2:15).

- *Silla* — El lugar donde usted entiende su autoridad en Cristo (Efesios 2:6).

- *Candelero* — Éste se utiliza para ver u obtener revelación (Efesios 1:7).

Fueron todas estas cosas que estaban en el cuarto de Eliseo en lo físico las que lo ayudaron a desarrollarse para ser un mejor rompedor de barreras. Estos recursos también fueron los que ayudaron a traer el avance cuando más se necesitaba. Tenemos estas mismas herramientas a nuestra disposición para producir avances en nuestra vida también. Si las aplicamos ellas nos prepararán para cuando necesitemos abrir camino.

Esta mujer sunamita experimentaría dos avances importantes como resultado. Ella recibió uno de ellos cuando no podía concebir y el profeta anticipó que lo haría.

> Y él le dijo: El año que viene, por este tiempo, abrazarás un hijo. Y ella dijo: No, señor mío, varón de Dios, no hagas burla de tu sierva. Mas la mujer concibió, y dio a luz un hijo el año siguiente, en el tiempo que Eliseo le había dicho (2 Reyes 4:16-17).

¿Cómo creó su avance esta mujer? Comenzó con una semilla de hospitalidad que su esposo y ella plantaron al darle a Eliseo una habitación para alojarse. Esto comenzó el proceso de su avance que más tarde produjo avances en sus vidas cuando lo necesitaron. La mujer y su esposo recibieron un segundo avance cuando el niño que tuvieron (aunque ella había sido estéril) murió y fue resucitado (2 Reyes 4:18-36). Ella mostró un espíritu rompedor después de la muerte de su hijo, profetizada por Eliseo, al nunca rendirse y rehusarse a hablar lo incorrecto o dudar y ser incrédula.

> Partió, pues, y vino al varón de Dios, al monte Carmelo. Y cuando el varón de Dios la vio de lejos, dio a su criado Giezi: He aquí la sunamita. Te ruego que vayas ahora corriendo a recibirla, y le digas: ¿Te va bien a ti? ¿Le va bien a tu marido, y a tu hijo? Y ella dijo: Bien (2 Reyes 4:25-26).

Ella permaneció fiel al creer y trabajar hacia su avance sin rendirse en medio de la tragedia. Ella estaba tan determinada a que su hijo resucitara, que no diría nada que fuera contrario a ello. Entonces el niño volvió milagrosamente a la vida a través de Eliseo. ¿Por qué? Creo que una semilla que ayudó a dar a luz su avance fue la generosidad inicial de la mujer y del esposo al darle un lugar a Eliseo. También creo que su espíritu rompedor y lo que Eliseo tenía en la habitación fue lo que hizo que ella recibiera su avance. ¡En la actualidad tenemos a nuestra disposición las mismas cosas que nos ayudarán a convertirnos en rompedores de barreras mayores!

IRRUMPA POR EL TECHO—ENVÍE PRIMERO A JUDÁ

La oportunidad para avanzar puede estar en nuestra habitación y algunas veces no la reconocemos. Esto sucedió en el ministerio de Jesús cuando la Biblia dice que el poder del Señor estaba presente para sanar a todos en la habitación, pero nadie en la habitación estaba conectado con el poder para el avance, hasta que un hombre paralítico recibió su sanidad porque algunos hombres lo bajaron en una camilla por el techo. No había espacio para entrar donde Jesús estaba ministrando, de manera que ellos entraron por el techo. ¡Literalmente rompieron el techo! Ellos estaban tan determinados a obtener el poder disponible en esa habitación, con una mentalidad de avance, que hicieron pedazos el techo.

Este es el mismo tipo de espíritu de avance que necesitamos si deseamos experimentar victoria y ver nuestras necesidades satisfechas. ¡Debemos estar dispuestos a romper cualquier tipo de techo o barrera que obstaculice que obtengamos nuestro avance! La razón por la que obtuvieron un avance fue porque ellos discernieron el poder y el potencial para avanzar en la habitación. Tal como con Eliseo y su habitación, había muchas fuentes disponibles para crear un avance. Jesús el Rompedor y su poder estaban presentes en esa habitación para cualquiera que quisiera tomarlos. ¡Su determinación para romper una barrera con fe, les ayudó a crear su momento de avance (Lucas 5:17–20)!

Mi esposa, Brenda Kunneman menciona algo poderoso en su libro titulado *Cuando su vida está hecha pedazos* que muestra que no muchos han experimentado una vida de avance. En el capítulo 2 escribió: "Muchos cristianos tienden a 'desear' en lugar de 'crear' su avance".[1] No solamente debemos desear el avance, necesitamos crearlo con fe.

Aquellos hombres pudieron solamente haber *deseado* estar dentro de la habitación donde estaba disponible el avance, pero en lugar de eso, llegaron hasta adentro. Ellos se conectaron con la fe en Dios, de tal manera que si podían romper el techo, ellos recibirían el avance para el hombre en la camilla. Una de las maneras más grandes de crear un avance en nuestra vida es alabando a Dios. Algunos de los rompedores de barreras más poderosos son aquellos que alaban a Dios. La alabanza, adoración e intimidad con Dios son vitales para tener una vida continua de victoria y oraciones respondidas. Estoy convencido de que si la gente se diera cuenta de esto, alabarían a Dios más y experimentarían más avances en su vida.

Lo que hace que la alabanza sea tan poderosa es que es un arma contra el enemigo y que trae liberación del cautiverio. ¡Cuando Pablo y Silas estaban en la cárcel encadenados, ellos alabaron y exaltaron a Dios! Atravesaron el techo del cautiverio por estar en prisión y como resultado sus cadenas cayeron y fueron libres (Hechos 16:25–26).

Pablo y Silas no se rindieron ni se esperaron a experimentar un avance para alabar y agradecerle a Dios. Ellos crearon su avance en medio de las circunstancias difíciles alabando a Dios. Ellos atravesaron el techo de la resistencia demoníaca, lo que los llevó a la libertad. Cuando ellos alabaron a Dios recibieron el avance que deseaban, ¡y usted también puede recibirlo! Cuando se sienta atado y en tinieblas, ¡entonces alabe para recibir su avance!

Otra cosa poderosa acerca de la alabanza es que atrae a Dios hacia su situación, especialmente cuando usted declara su nombre de acuerdo con su situación. La Biblia dice que cuando alabamos, Dios viene y habita en nuestra alabanza (Salmos 22:3). Nuestra alabanza trae a Dios a escena y Él va delante para abrir brecha por nosotros y llevarnos hacia la victoria.

Podemos ver esto cuando el rey Josafat necesitaba un avance para él y su pueblo. La respuesta no solamente vino en los ejércitos físicos de su reino, sino en la alabanza del pueblo. La manera en la que Josafat recibió su avance fue al enviar alabanza (Judá) primero. Hubo una gran victoria para él y su reino por la alabanza. La escritura dice:

> *Y habido consejo con el pueblo, puso a algunos que cantasen y alabasen a Jehová, vestidos de ornamentos sagrados, mientras salía la gente armada, y que dijesen: Glorificad a Jehová, porque su misericordia es para siempre. Y cuando comenzaron a entonar cantos de alabanza, Jehová puso contra los hijos de Amón, de Moab y del monte de Seir, las emboscadas de ellos mismos que venían contra Judá, y se mataron los unos a los otros* (2 Crónicas 20:21–22).

Podemos ver a partir de Judá, cómo podemos recibir un avance. Como lo mencionamos anteriormente, el nombre Judá en hebreo significa alabanza. Existe un poder en nuestra alabanza que llama la atención de Dios y que también puede vencer al enemigo. ¡La alabanza ayuda a levantar el techo de opresión y resistencia que a menudo intenta detener nuestro avance! Nuestra alabanza es un arma que rompe la oposición del diablo y trae al Señor a escena para vencer al enemigo. La clave fue el envío de la alabanza de Judá. Esta no sería la primera vez que la tribu de Judá era enviada primero a la batalla ya que muchas veces antes había sucedido lo mismo (Josué 1:1–2). La razón para esto era que significaba el poder de nuestra alabanza para ganar las batallas de la vida al enviar primero a Judá. ¿Por qué enviaron primero a Judá? Una de las razones es porque su padre, Jacob, profetizó y declaró esta bendición sobre su hijo, Judá, al decir que incluso sus hermanos lo alabarían. Él también profetizó que Judá (alabanza) triunfaría sobre todos sus enemigos con un cetro. Otra razón por la que Judá fue enviado primero, fue para que nosotros viéramos que podemos utilizar la alabanza para abrirnos camino y tener victoria sobre el diablo. La palabra "Judá" también significa extender su mano y tirar o lanzar ya sea una piedra o una flecha al enemigo. Esto nos ayuda a ver cuán poderosa es la alabanza contra el diablo y cuán poderosa es para el avance.

Al desarrollarnos en la vida, como lo hicieron Jesús y Juan el Bautista, nos fortaleceremos en el espíritu. Entre más hagamos a la alabanza parte de nuestra vida y la desarrollemos, más veremos sus beneficios. Quiero que observe las recompensas de alabar a Dios primero e incorporarlo en su vida. Los nombres de los descendientes de Judá y su significado revelan los beneficios de la alabanza y la manera en que ésta lleva hacia las bendiciones.

Los descendientes de Judá fueron Fares, Hezrón, Carmi, Hur y Sobal (1 Crónicas 4:1).

- Judá = Alabanza[2]
- Fares = Avance[3]
- Hezrón = Cobertura, protección[4]
- Carmi = Jardinero de la viña[5]
- Hur = Blanco[6]
- Sobal = Un lugar de abundancia[7]

En esta escritura de Crónicas vemos cómo desarrollar un espíritu rompedor de barreras en su vida, y esto comienza con la alabanza. Comenzamos con (Judá) alabando y adorando a Dios en todo lo que hacemos. Esto nos lleva y nos ayuda a producir un avance (Fares). Como resultado de nuestra alabanza y avance, somos cubiertos y protegidos por la presencia de Dios (Hezrón). Este progreso es tan poderoso que como consecuencia, comenzamos a ver la manifestación de lo que creemos; dar fruto y cosecha (Carmi). Una vida continua de pureza (Hur) ayudará, al alabar, a experimentar la presencia de Dios y las bendiciones de avance. ¡Cuando continuamos haciendo de esto nuestro estilo de vida entramos en una abundancia continua de bendiciones y avance (Sobal)!

¿Cuándo es el momento para alabar a Dios? ¿Qué le parece hacerlo como Ana cuando alabó a Dios y trajo su momento de avance? La Biblia nos dice algunas cosas acerca de su situación, las cuales fueron barreras para su avance (1 Samuel 1:1–28).

Ella no tenía hijos (versículo 2). Ningún fruto o deseo de su corazón había sido satisfecho.

Su vientre estaba cerrado (versículo 5). Ella no obtenía respuesta a su oración.

Su adversario la irritaba (versículo 6). Ella sufría un ataque satánico a través de otra persona.

Fue acusada falsamente (versículo 14). Ella fue malentendida y acusada de estar ebria.

Sin embargo, ella alabó a Dios y recibió su avance. A pesar de todas estas barreras negativas ella continuó, año tras año alabando y ofreciéndole sacrificios a Dios (1 Samuel 1:3). Ella permaneció fiel aunque siguió siendo atacada por su enemigo. ¡Ella finalmente logró su avance!

Posiblemente usted se siente como Ana, esperando que las frustraciones y el ataque del infierno en su contra se detengan. Esto no sucede esperando, sino actuando, como Ana quien continuó orando.

¿Alguna vez ha escuchado una puerta rechinar al abrirse? Una vez tuve una puerta en la cerca del patio que era muy ruidosa y cada vez que se abría o que el viento soplaba, hacía un horrible chirrido. ¿Sabe cuál fue la solución a este problema? Fui por aceite y engrasé las bisagras. Tuve que entrar en contacto con el aceite por mi elección o acción. Mi paz no vendría por esperar y quejarme de la puerta, sino al actuar. Esta es la misma solución para nosotros ahora. Cuando usted alaba a Dios y resiste al enemigo, en lugar de solamente esperar que la situación mejore, el poder de Dios se libera. El diablo se aleja y se calla. Con la liberación del poder de Dios y de su unción en su situación, como las Escrituras dicen con respecto a la unción del aceite, usted romperá yugos y deshará las cargas pesadas (Isaías 10:27).

Esto es lo que David hizo para ayudar al rey Saúl a obtener un avance. Requirió acción y de su alabanza para soltar la presencia de Dios y la unción del Espíritu Santo. No fue un avance para sí mismo, sino para alguien más. Él ayudó al rey Saúl a liberarse del espíritu maligno que lo atacaba.

> *Y tomó Isaí un asno cargado de pan, una vasija de vino y un cabrito, y lo envió a Saúl por medio de David su hijo. [...] Y cuando el espíritu malo de parte de Dios venía sobre Saúl, David tomaba el arpa y tocaba con su mano; y Saúl tenía alivio y estaba mejor, y el espíritu malo se apartaba de él* (1 Samuel 16:20,23).

¿Cómo le ayudó David al rey Saúl a obtener su avance? Comenzó con alabanza como lo vimos con los nombres de los hijos de Judá. David ayudó a Saúl, mostrándonos que también podemos obtener un avance cuando estamos bajo ataque. Él ayudó a levantar un techo de tormento y pesadumbre en la vida de Saúl. En estos versículos podemos ver las cosas que David proporcionó para el avance de Saúl.

- Rodearse de *"creyentes de avance"* (Saúl llamó a David para ayudarlo a abrirse camino).

- Necesitamos *"pan"* (permanezca en la Palabra de Dios).

- Lleve la *"vasija de vino"* con usted (¡permanezca lleno del Espíritu Santo y ore en lenguas!).

- Hechos 2 — ¡Vino nuevo!

- ¡No olvide al cabrito *(cabra)*! (el sacrificio y la alabanza nos ayudan a abrir camino).

- Traiga el *"arpa"* (David alabó a Dios, provocando que el demonio se fuera).

David era un rompedor de barreras poderoso quien comprendió el poder de la alabanza. Algunos de los cantos de avance se encuentran en el libro de Salmos y fueron escritos por David. Él se convirtió en un rompedor de barreras desde que era joven y se hizo más fuerte al ser rey. Una vez más, David era descendiente de Judá y Fares.

> *Abraham engendró a Isaac, Isaac a Jacob, y Jacob a Judá y a sus hermanos. Judá engendró de Tamar a Fares y a Zara, Fares a Esrom, y Esrom a Aram. Aram engendró a Aminadab, Aminadab a Naasón, y Naasón a Salmón. Salmón engendró de Rahab a Booz, Booz engendró de Rut a Obed, y Obed a Isaí. Isaí engendró al rey David, y el rey David engendró a Salomón de la que fue mujer de Urías* (Mateo 1:2–6).

Podemos decir que David tenía este espíritu rompedor de barreras en sus genes familiares, porque todas estas personas tenían el mismo espíritu. Él utilizó su lanza para matar un león y un oso, y después a Goliat. La Biblia nos da una descripción de este poderoso rompedor de barreras, la cual podemos aplicar a nuestra vida y continuar desarrollando. Lo importante es comprender que David creció para ser un rompedor de barreras, lo cual se desarrolló en él a lo largo del tiempo.

> *Entonces uno de los criados respondió diciendo: He aquí yo he visto a un hijo de Isaí en Belén, que sabe tocar, y es valiente y vigoroso y hombre de guerra, prudente en sus palabras, y hermoso, y Jehová está con él* (1 Samuel 16:18).

Este versículo es otro ejemplo que nos muestra las características de David como rompedor de barreras. Él era un joven camino a ser un guerrero y un músico dotado. Continuó desarrollándose en su habilidad y en su alabanza a Dios, convirtiéndose en un hombre de valor e incluso en un hombre de riesgos. Como resultado fue prudente al hablar y sabio en sus palabras. Este versículo también dice que David era de buen parecer, lo que significa que probablemente se cuidaba. La mejor parte es que caminaba con Dios y la mano del Señor estaba con Él. Esto hizo que disfrutara las bendiciones de Dios en su vida. Sin embargo, la raíz del éxito de David estaba en su corazón y su alabanza a Dios.

Todas estas cosas que describen a David están cimentadas en su búsqueda y desarrollo hacia un hombre tras el corazón de Dios. Él lo mostró con su deseo continuo y amor por Dios. Fue lo que diferenció a David del rey Saúl, quien necesitaba la alabanza de David. Los verdaderos rompedores de barreras son como David porque pueden alabar a Dios por sí solos. Ellos no dependen del escenario, humor, canción de adoración o música correctos para ayudarse a alabar. Los

Saúles son diferentes porque tienen algo del espíritu de Zara, una mentalidad de mendicidad. Constantemente necesitan que otros oren y alaben a Dios por ellos para poder experimentar avance, libertad del diablo o intimidad con Dios. Saúl estaba cansado y atormentado, y no sabía cómo avanzar por sí mismo. No existe nada malo en ayudar a otros como lo hizo David o en pedir ayuda, pero no debe ser nuestro hábito o estilo de vida. Debemos aprender a crear el avance nosotros mismos y a abrirnos paso a través de los techos de resistencia.

¡Impóngase!

¡En un punto usted tiene que imponerse y decir: "Es suficiente"! Deshágase de los ataques del diablo y de las cosas que intentan atarlo alabando a Dios. Es como enviar a Judá (alabanza) primero. ¡Usted puede estar diciendo que está demasiado cansado para alabar! ¡Pues necesita sacudirse eso! Recuerde que fue la alabanza lo que refrescó la vida del rey Saúl y refrescará la suya también. Fue la alabanza lo que rompió el techo del tormento y la opresión. Hace años cantábamos una canción en la iglesia que decía: "¡Levanta manos santas y sacúdete aquellas bandas pesadas!". ¡Es por esto que la alabanza, como lo hemos ya mencionado, es tan poderosa cuando uno se convierte en rompedor de barreras, porque al levantar las manos a Dios, usted comienza a sacudirse las bandas pesadas!

El apóstol Pablo hizo esto cuando fue atacado. Una serpiente lo mordió en la Isla de Malta.

> *Estando ya a salvo, supimos que la isla se*
> *llamaba Malta. Y los naturales nos trataron*

con no poca humanidad; porque encendiendo un fuego, nos recibieron a todos, a causa de la lluvia que caía, y del frío. Entonces, habiendo recogido Pablo algunas ramas secas, las echó al fuego; y una víbora, huyendo del calor, se le prendió en la mano. Cuando los naturales vieron la víbora colgando de su mano, se decían unos a otros: Ciertamente este hombre es homicida, a quien, escapado del mar, la justicia no deja vivir. Pero él, sacudiendo la víbora en el fuego, ningún daño padeció. Ellos estaban esperando que él se hinchase, o cayese muerto de repente; mas habiendo esperado mucho, y viendo que ningún mal le venía, cambiaron de parecer y dijeron que era un dios (Hechos 28:1-6).

¡Él no perdió el control como yo con las serpientes! Él no glorificó al enemigo, no llamó la atención o se rindió y bajó la guardia. Si él hubiera bajado la guardia, probablemente habría muerto. Había algo dentro de Pablo que lo hizo vencer. ¡Adivinó! Él tenía ese espíritu rompedor de barreras del que leemos en las Escrituras. No había nadie que pudiera ayudarlo en su necesidad de avance ese día. Iba a tener que inspirarse en la revelación de quien era Él en Cristo y de lo que le había sido dado, para poder vencer.

Él ya estaba listo para la victoria porque dijo que oraba en lenguas más que muchos de la iglesia en ese tiempo (1 Corintios 14:18). Orar en lenguas le ayudó a prepararse y le dio un espíritu fuerte (Judas 1:20). Él también desarrolló una vida de alabanza y confió en Dios al alabarlo en prisión (Hechos 16). Todos esos momentos de oración, de alabanza y de edificar su espíritu, le ayudaron a crear y a desarrollar en él un rompedor de barreras.

¿Se da cuenta de todo lo que vino en su contra? ¿Todos los naufragios, el espíritu que vino y lo abofeteó, un aguijón en la carne, las persecuciones, azotes y ahora una serpiente? ¡Pablo venció! ¿Por qué? Porque se conectó con la gracias que le había sido dada y que Dios dijo era suficiente para él cuando enfrentó el aguijón en la carne. Él hizo aquello de lo que hemos estado hablando: precedió sus avances con gracia gracias a todas las veces que se dedicó a desarrollar su caminar espiritual. ¿Cómo se desarrolló hacia la gracia? Oraba en el espíritu y conocía la palabra de Dios y la estudiaba. Alababa, enviando primero a Judá en sus batallas. Como resultado, la Biblia dice que venció. Él logró avances y usted puede hacerlo también. Sacúdase y libérese de la cautividad así como Pablo sacudió a la serpiente venenosa en el fuego. Usted puede hacerlo estableciendo un límite e imponiéndose.

¡Esto requiere que usted literalmente se sacuda sus problemas y comience a alabar a Dios! Usted puede sacudirse cualquier cosa que lo esté atacando e imponerse en su contra. ¡Usted puede tener victoria tal como el apóstol Pablo lo hizo e imponerse como rompedor de barreras! ¿Qué quiero decir con imponerse? Levantarse como rompedor de barreras y utilizar la gracia, el cetro de autoridad que se le ha dado para evitar que cierta cosa siga sucediendo. Este cetro de autoridad nunca ha dejado a Judá porque fue transmitido a Jesús y dado a nosotros. Ahora podemos ejercer autoridad con nuestro cetro cada vez que alabamos a Dios. Podemos imponernos al alabar, estar determinados y escoger decir: "¡Es suficiente!".

Jesús se impuso ante el diablo. El diablo pensó que había

ganado cuando crucificó a Jesús. Él pensó que tenía a Jesús en sus manos. Sin embargo, cuando clavaron el cuerpo de Jesús, especialmente sus pies, se estaba revelando el misterio profético de Génesis 3:15. El aplastador de serpientes, Jesús, estaba aplastando al enemigo y trayendo victoria para usted y para mí. ¡Todo lo que hizo el diablo al perforar los pies de Jesús fue herir su talón!

Que perforaran los pies de Jesús al ser crucificado, marcó que el enemigo hiriera su calcañar, pero algo mayor estaba sucediendo. Él estaba cumpliendo lo que decía Génesis 3:15, que él aplastaría la cabeza del diablo. ¿Qué significa que aplastaría la cabeza del diablo? Él estaba aplastando el gobierno, autoridad, reinado, influencia y poder de Satanás. Jesús se impuso, ahora todo está bajo sus pies (Salmos 8:6). Lo poderoso es que ahora somos los pies espirituales del Señor en su Cuerpo llamado la Iglesia. Nosotros, como semilla de Cristo, cumplimos físicamente la profecía de Génesis 3 como el Cuerpo de Cristo. Nosotros, como rompedores de barreras, hemos recibido autoridad de parte de Él para imponernos y ejercer la gracia, el poder y la autoridad para avanzar. Como rompedores de barreras tenemos la autoridad para imponernos ante el diablo y exigir nuestros avances. Ahora usted es esos pies que continuarán aplastando a los enemigos de las tinieblas. Usted puede pisotear los planes en su contra y detener las maniobras que quieren evitar que su avance suceda. La Biblia está llena de ejemplos en los que se utilizan los pies en relación con autoridad, dominio y avance:

- Usted tiene victoria sobre todo lugar que pise la planta de sus pies — Josué 1:3.

- Usted puede "pisar" sobre el poder del enemigo — Lucas 10:19.

- Usted pisará el león, el áspid y el dragón bajo su "pie" — Salmos 91.

- Ha aplastado a Satanás bajo sus pies — Romanos 16:20.

Ahora usted necesita imponerse y decidir que ya no va a permitir que el enemigo lo zarandee. Eso es lo que hace un rompedor de barreras.

Los pies eran una parte importante de la cultura judía. Jesús lo ilustró cuando demostró servidumbre y humildad al lavar los pies de sus discípulos. Existen referencias en la Biblia a los pies, que hablan de autoridad, de su camino o dirección o de inclinarse y adorar a los pies del Señor. De igual manera pueden representar nuestro caminar y conducta. Otro ejemplo sucedió cuando David mostró su autoridad y dominio sobre Goliat. La Biblia dice que después de asesinarlo, David puso su pie sobre su cuello y le cortó la cabeza. Esto hablaba de victoria, de que David había logrado su avance y de que el enemigo no se levantaría de nuevo.

Dios también le dijo a Josué que le daría un avance de dominio sobre todo lugar que sus pies pisarán (Josué 1:3). ¡Lo desafío a usted, así como Dios desafió a Josué, a imponerse! Usted necesita pararse en las promesas de Dios y decir: "No me voy a rendir a la derrota". ¡Este es el corazón de un rompedor de barreras!

El problema con muchos en la actualidad es que no utilizan o no comprenden completamente la autoridad que tienen en Cristo para imponerse. Ellos a menudo permiten que el diablo los dirija, en lugar de imponérsele, resistirlo y detenerlo. Siempre debemos recordar: "¡Dios grande, diablo pequeño!". Siempre tenga cuidado de no magnificar sus problemas o al enemigo sobre la grandeza de Dios. Esto le da al enemigo más poder. Un ejemplo de esto lo podemos ver con Pablo, quien era llamado Saulo en ese tiempo. Él perseguía a la iglesia y pensaba que lo hacía justamente. Lo que quiero que usted vea, es el significado literal de lo que Jesús le dijo cuando fue confrontado de camino a Damasco. Aquí, Pablo relata lo que Jesús le dijo en hebreo.

> *Y habiendo caído todos nosotros en tierra, oí una voz que me hablaba, y decía en lengua hebrea: Saulo, Saulo, ¿por qué me persigues? Dura cosa te es dar coces contra el aguijón* (Hechos 26:14).

Usted no puede esperar pelearse con Dios y pensar que va a ganar. La definición en griego de "dar coces contra el aguijón" es una resistencia activa contra un poder mayor. En otras palabras, Saulo (Pablo), el poder menor, estaba desafiando y resistiendo al poder mayor. Por supuesto, Jesús era a quien Pablo intentaba dominar.

Esto es exactamente lo que el diablo hace para detener nuestro avance. Como el poder más débil, continúa empujando contra nosotros y contra Dios. No está en igualdad de poder con Dios o con el poder que se nos ha dado, pero gracias a que muchos se niegan a imponerse sobre él, sigue empujando contra nosotros. ¡Lo triste es que él lo sigue haciendo a pesar de haber sido despojado de su poder y autoridad! En el caso de Saulo (Pablo), él era la vasija más débil que perseguía a los cristianos, pero finalmente el poder de Dios, que era contra lo que luchaba, era mayor.

Nosotros tenemos la misma autoridad para poner al enemigo bajo nuestros pies. Él es el poder más débil presionando contra el poder mayor como Saúl presionaba contra Jesús.

Usted está mejor posicionado y ungido para el avance de lo que se imagina. Se nos ha dado pies como de ciervas.

> *Jehová el señor es mi fortaleza, el cual hace*
> *mis pies como de ciervas, y en mis alturas me*
> *hace andar* (Habacuc 3:19).

Esto habla de fortaleza y de estar espiritualmente firmes. ¡No somos fácilmente movidos de nuestra posición y tenemos pies que pueden vivir por encima y no por debajo de la vida!

Hace años, antes de que estuviera de tiempo completo en el ministerio, tuve que imponerme y no ser movido de mi posición de justicia en mi empleo de ese tiempo. Mi jefe me llamó para asistir a un congreso de entrenamiento de fin de semana fuera de la ciudad. Todos en mi trabajo sabían que yo estaba muy dedicado a mi fe cristiana, pero aun así hacían comentarios a propósito contra mí. Mi jefe me dijo que debía ir al viaje con otros dos muchachos a una ciudad a varias horas de distancia. Por supuesto, a ellos no les gustaba que yo fuera con ellos y tocaban la música a un volumen alto a propósito en el coche de la empresa mientras yo escuchaba música cristiana con mis audífonos.

Después de varias horas, comenzaron a buscar un lugar para parar y comer. Sugerí la ciudad donde mi suegro vivía, ya que estaba en seguida de la interestatal y no estaba lejos del lugar donde estábamos. Lo sugerí porque probablemente podía ver a mi suegro para comer. Estos compañeros de trabajo y de viaje no querían nada de eso, especialmente una vez que supieron que yo quería ver a mi suegro. Continuaron conduciendo a propósito para hacerme enojar. Así que comimos en otro lugar y finalmente llegamos al hotel donde se llevaba a cabo el congreso.

Llegamos al hotel y tuvimos la tarde libre antes de que comenzara el congreso al día siguiente. Compartíamos cuarto para ahorrar costos. Yo me quedé en el cuarto, mientras mis colegas bajaron al bar. Hablaba con mi esposa por teléfono cuando mi jefe y algunos de los otros muchachos entraron en el cuarto. Me dijeron que tenía que colgar el teléfono porque necesitaban un conductor esa noche. Colgué y me enteré de que querían que fuera el conductor designado para que pudieran ir a un club de desnudistas y emborracharse. Respetuosamente le dije a mi jefe que yo no iba a ser el conductor, ni iba a ir con ellos. Les dije que no era correcto para un cristiano ir a un club de desnudistas. Entonces comenzó a burlarse de mí sugiriendo que permaneciera en el coche de la empresa mientras ellos estaban dentro del club.

¡Fue entonces que me impuse! ¡No me importaban las consecuencias, yo no iba a ceder! Él se marchó enojado, amenazándome de llamarme a su oficina para hablar de mi comportamiento cuando terminara el congreso. Y adivine qué, lo hizo. Me despidió por insubordinación cuando regresamos del congreso. ¿Qué hubo de insubordinado en defender una conducta moral y cristiana?

Sin embargo, debo decirle que mientras ellos se fueron al club esa noche, yo oré en sus cuartos y camas. ¡Más tarde esa noche se quejaron de no poder dormir! De manera que durmieron en el piso o en una silla, sin descansar toda la noche. Me preguntaban qué había hecho en el cuarto.

Todos sentían mi presencia como una carga, de manera que el jefe hizo que regresara temprano y les ordenó a los muchachos con los que había llegado que me llevaran a casa. De camino a casa ellos estaban más enojados conmigo porque mi jefe los hizo regresarme temprano. Casi no habían dormido por sus aventuras de la noche anterior, ¡y ahora tenían que llevarme a casa! Invadí su vida al imponerme por la justicia.

¿Sabe lo que sucedió? ¿Recuerda que sugerí detenernos en la ciudad donde vivía mi suegro para comer y ellos se negaron? Esta vez oré porque realmente quería parar ahí para verlo. Con Dios como testigo, después de orar, el coche comenzó a tener problemas. El coche comenzaba a perder poder y a actuar de manera extraña. Finalmente, ¡no tuvimos otra opción más que salir de la interestatal justo en la salida donde mi suegra trabajaba! Así que caminé para verla y quedé en reunirme para almorzar con mi suegro para celebrar su cumpleaños. ¡Le digo que Dios es gracioso! Mientras los muchachos estuvieron esperando la grúa junto a la carretera durante varias horas, mi suegro me recogió y fui a comer con él. Después de que regresé del almuerzo, el mecánico les dijo a mis colegas que no podía encontrar nada malo en el coche. Mientras esperaban que revisaran el coche, yo celebré el cumpleaños de mi suegro toda la tarde. ¡Dios me bendijo grandemente porque me impuse en justicia y Dios me defendió y me dio un avance!

Si el diablo se ha impuesto en su situación, entonces usted necesita imponerse y trazar una línea en la arena.

Trazar una línea en la arena

Trazar una línea en la arena se basa en la idea de hacer una marca literalmente en la arena para decirle a alguien que no puede atravesarla. Si usted traza una línea en la arena, entonces establece un límite que se considera inaceptable cruzar.

Esto me recuerda cuando alguien más grande que yo me molestaba en la escuela. Estaba en primaria y estaba cansado de ser dominado por quien en mi opinión era un niño demasiado grande. Era día recreativo, que era un día en el que los alumnos llevaban a cabo varios eventos de atletismo y yo me había inscrito para el salto de longitud. Consiste en correr tan rápido como sea posible y en la línea señalada, brinca tan lejos como pueda. El lugar hacia donde se brinca está lleno de arena, de manera que se tiene un aterrizaje suave. El lugar donde cae en la arena es la medida de su salto.

Bueno, finalmente decidí que este niño, quien me había seguido todo el día en el evento de atletismo, me había molestado demasiado, así que finalmente tracé una línea en la arena. Puse mi pie en la arena de salto y tracé una línea. Le dije que había tenido suficiente y que ya no iba a soportarlo más. Tracé la línea en la arena para indicar que iba a levantar resistencia con la determinación de hacer algo. El único problema con mi línea en la arena fue que tan pronto como la dibujé, dijo: "¿Ah, sí?", ¡y pisó sobre la línea y comenzó a golpearme! Yo estaba demasiado intimidado en ese momento como para contraatacar, y la maestra detuvo la pelea.

El acoso continuó durante años porque el niño sabía que yo no creía poder vencerlo. Pero llega un día en el que usted decide que no tolerará mas las burlas. Finalmente tracé otra línea en la arena, por decirlo así, con el mismo chico años después. Había tenido suficiente y contraataqué tan fuerte y rápidamente, que él no supo de dónde surgió el golpe. Nunca volvió a meterse conmigo después porque de verdad tracé una línea en la arena. Con todo mi ser había decidido que ya no iba a soportarlo.

Trazar una línea en la arena también quiere decir: "¿Qué defiende?". Dios trazó una línea en la arena para ver qué lado escogería la gente. Él quería ver si estaban de su lado o del lado del enemigo (Números 16).

Josué también trazó una línea en la arena. Hacia el final de su vida, Josué hizo una afirmación registrada en Josué 24:15: *"[...] escogeos hoy a quién sirváis; si a los dioses a quienes sirvieron vuestros padres, cuando estuvieron al otro lado del río, o a los dioses de los amorreos en cuya tierra habitáis; pero yo y mi casa serviremos a Jehová"*.

Josué le decía al pueblo de Israel que trazara una línea en la arena, por decirlo de alguna manera. Él les pedía escoger un lado de la línea para mostrar su posición. Ir del lado de sus ancestros provocaría derrota y destrucción, pero ir del lado del Señor les traería bendición y éxito (Josué 1:8-9).

Pregúntese, ¿de qué lado de la línea está con respecto a su situación? ¿Está del lado de la justicia del Señor y confiando en Él? O, ¿está del lado de la rebeldía o el temor y la derrota? ¿Está soportando al enemigo y su acoso, o va a entrar en la gracia y la autoridad que le ha sido dada para detenerlo?

La línea familiar de Abraham, Isaac y Jacob que condujo hacia Cristo fue la línea familiar espiritual trazada para hacer que el diablo supiera dónde está Dios. Dios siempre quiso un pueblo que lo representara. A lo largo de la historia, Dios trataba de hacer que la gente trazara una línea en la arena al hacerlos pasar al otro lado: los ejemplos se encuentran en el Mar Rojo y el río Jordán. Estas fueron dos líneas naturales que se necesitaba cruzar y estaban diseñadas para marcar un punto donde la gente nunca pudiera regresar. Si pasaban al otro lado del río o del mar, entonces Dios los guiaría más lejos del cautiverio anterior, hacia su avance y herencia. El único problema fue que se quejaron en el camino, incluso después de que Dios trazó una línea en la arena del Mar Rojo al abrir el mar y hundir al faraón y a su ejército. Dios le estaba mostrando a Israel de qué lado estaba. Sin embargo, Israel no trazaba esa línea con Dios y a menudo quiso regresar a la esclavitud de la que salió (Números 14:3).

Existen muchas razones por las que la gente no quiere pasar al otro lado, como Israel, o trazar una línea. A menudo dan excusas de la razón por la que no pueden hacerlo o por la que piensan que el camino es difícil e imposible, como cuando cruzaron el Mar Rojo. Otra razón por la que la gente no pasa al otro lado, como Israel, es porque están muy cómodos con su ambiente y estilo de vida. Les gusta la manera en la que solían ser las cosas y no quieren entrar en un territorio desconocido. De manera que desarrollan una mentalidad para nunca avanzar, sino establecerse en su situación actual o en cualquier cosa que su vida les ofrezca, porque les resulta familiar. Algunos no pasan al otro lado por temor. Puede ser temor de lo desconocido, temor al cambio o temor al enemigo. El temor hace que muchos sean ineficaces, ya que los mantiene neutrales y los hace ir marcha atrás en lugar de hacia adelante y cruzar la línea hacia la victoria prometida.

Fue hasta que toda una generación murió, cuando los hijos de Israel finalmente pasaron al otro lado hacia su herencia. Solamente Josué y Caleb de la generación anterior pasaron al otro lado. Fue así, porque ellos ya habían pasado al otro lado anteriormente como espías y regresaron con la determinación de que Israel abriera brecha. La Biblia dice que tenían un espíritu diferente (Números 14:24). Ellos tenían un espíritu diferente, un espíritu rompedor de barreras. Es la misma clase de espíritu que nosotros tenemos para hacer valer que tenemos a Jesucristo en nuestra vida.

Mientras usted se va desarrollando como un rompedor de barreras, establezca en su corazón que usted quiere llegar a ser un rompedor de barreras poderoso. Para llegar a esto comience con lo pequeño y progrese. Pasos pequeños, línea tras línea. Cuando desarrolle su mentalidad, espíritu y estilo de vida rompedores de barreras, es importante ser consistente y estar abierto al cambio. A menudo mantenemos la misma mentalidad, hábitos y rutinas, y nunca cambiamos. ¡Esto es lo que Dios le dijo al pueblo de Israel, les ordenó cambiar de dirección y avanzar!

> *Luego volvimos y salimos al desierto, camino del Mar Rojo, como Jehová me había dicho; y rodeamos el monte de Seir por mucho tiempo. Y Jehová, diciendo: Bastante habéis rodeado este monte; volveos al norte* (Deuteronomio 2:1–3).

Recuerde que hay poder en la unidad. Encuentre a alguien que pueda animarlo y ayudarlo, como cuando María se reunió con Elisabet, quien estaba encinta con Juan. La Biblia dice que su bebé saltó (Lucas 1). En otras palabras, rodéese de gente que haga que aquello que está en su interior se avive y prorrumpa. Estar rodeado de personas deprimidas, chismosas, que ceden, inconsistentes y perezosas, cuyos espíritus son "cobardes", ¡no lo transformará a usted en un rompedor de barreras ni lo hará saltar! Uno de los problemas más grandes de convertirse en un rompedor de barreras y desarrollarse como uno es que entre mayor es la persona, más se establece en su forma de ser de siempre. Esto sucede tanto natural como espiritualmente. Es importante no resistirse al crecimiento, el esfuerzo y el cambio o ser necio, especialmente cuando no se esté viendo venir avance alguno.

Supervisar sus actitudes constantemente dará buenos resultados en la vida y en la respuesta a sus oraciones o en sus victorias. Si usted no mantiene una actitud correcta, puede entrar en queja y dar marcha atrás en lugar de ir hacia su avance. Esto es lo que le sucedió al pueblo de Israel. Ellos se quejaron, Dios los escuchó y se enfadó. ¡La queja del pueblo de Israel provocó que algunos quisieran regresar a Egipto! ¿Qué había en Egipto? ¡Esclavitud y un opresor! ¿Eso suena a avance? ¡No! ¡No hay nada emocionante acerca de la esclavitud! Una buena forma de convertirse en rompedor de barreras es evitar quejarse y comenzar celebrando pequeños cambios y bendiciones. Esto sucede cuando no parece que el avance es inminente. Continúe alabando y extendiéndose hacia adelante. Se trata de pasos pequeños y cambios pequeños. ¡Recuerde dar gracias a Dios y gozarse más (1 Tesalonicenses 5:16)!

Celebre los pequeños cambios, aunque no parezcan ser mucho. ¡Usted puede crecer y desarrollarse en un rompedor de barreras, fortalecer su espíritu y vivir una vida de alabanza que abra brecha! ¡El rompedor está en usted, levántese! Impóngase y trace una línea en la arena. ¡Es tiempo de que tenga un momento de avance continuo al alabar a Dios, enviando primero a Judá a la batalla!

Notas

1. Brenda Kunneman, *Cuando su vida está hecha pedazos* (Casa Creación 2009), capítulo 2, pág. 29.

2. Blue Letter Bible. "Dictionary and Word Search for *Judah (Strong's 3063)*". Blue Letter Bible. 1996-2010. 11 de agosto de 2010. < http://www.blueletterbible.org/lang/lexicon/Lexicon.cfm? strongs=G3063>

3. Blue Letter Bible. "Dictionary and Word Search for *Pharez (Strong's 6557)*". Blue Letter Bible. 1996-2010. 11 de agosto de 2010. < http://www.blueletterbible.org/lang/lexicon/Lexicon.cfm? strongs=G6557>

4. Blue Letter Bible. "Dictionary and Word Search for *Hezron (Strong's 2696)*". Blue Letter Bible. 1996-2010. 11 de agosto de 2010. < http://www.blueletterbible.org/lang/lexicon/Lexicon.cfm? strongs=G2696>

5. Blue Letter Bible. "Dictionary and Word Search for *Carmi (Strong's 3756)*". Blue Letter Bible. 1996-2010. 11 de agosto de 2010. < http://www.blueletterbible.org/lang/lexicon/Lexicon.cfm? strongs=G3756>

6. Blue Letter Bible. "Dictionary and Word Search for *Hur (Strong's 2354)*". Blue Letter Bible. 1996-2010. 11 de agosto de 2010. < http://www.blueletterbible.org/lang/lexicon/Lexicon.cfm? strongs=G2354>

7. Blue Letter Bible. "Dictionary and Word Search for *Shobal (Strong's 7732)*". Blue Letter Bible. 1996-2010. 11 de agosto de 2010. < http://www.blueletterbible.org/lang/lexicon/Lexicon.cfm? strongs=G7732>

Capítulo seis

ABRA LA FUENTE
DE SU INTERIOR

*Pero a mi siervo Caleb, por cuanto
hubo en él otro espíritu, y decidió ir
en pos de mí, yo le meteré en la tierra
donde entró, y su descendencia la
tendrá en posesión (Números 14:24).*

"BUENO, QUIERO QUE todos intenten orar tan fuerte como puedan, pongamos energía en nuestras oraciones", esa fue la instrucción que di los primeros días en nuestra iglesia recién fundada. Lo que sucedió después no era lo que esperaba. Los pocos creyentes que fueron a esa reunión semanal de oración me miraron como si yo hablara un idioma extranjero. La mayoría me vio con una mirada vacía e insegura. Pensé que posiblemente no habían comprendido lo que dije, de manera que lo hice de nuevo. La segunda vez recibí la misma respuesta, con excepción de algunos susurros sonoros y nerviosos de oración en lenguas. Sonaban como un helicóptero silencioso entrando en barrena rápidamente a la distancia. *No parece una oración demasiado fuerte e intensa*, pensé. Era evidente que yo tenía un espíritu diferente de los que estaba intentando entrenar y convertir en guerreros de oración, que pudieran abrir brecha. Pude haberme rendido en ese momento, pero me di cuenta de que si yo iba a tener una iglesia fuerte en Omaha con gente fuerte, necesitaría enseñarles cómo lograr avances en oración. Gracias a Dios persistí aunque parecía que algunos querían rendirse, pero confiaron en la Palabra de Dios que les mostré con respecto a la oración.

Hoy, no solamente tengo un equipo fuerte de intercesores de oración, sino que la gente de mi iglesia también sabe cómo levantar el techo y abrir brecha en oración. Ellos oran con un clamor fuerte en el espíritu y con tremenda intensidad. No quiero decir que ellos no deseaban orar fuertemente el día que los instruí, sino que tuve que enseñarles e impartirles un espíritu rompedor diferente al que habían experimentado o al que se les había enseñado antes. Quería que ellos poseyeran un espíritu de avance y aprendieran cómo abrir la fuente de su interior.

Posea el espíritu rompedor

Este espíritu diferente de guerrero y rompedor de barreras era exactamente lo que tenía Caleb. Vemos en Números 14:24 que Caleb poseía un espíritu diferente. El espíritu que tenía Josué y él era un espíritu de avance listo para levantarse y llevar a cabo el desafío que Dios les puso. La única diferencia era que el pueblo se negaba a poseer el mismo espíritu que ellos tenían y solamente Caleb y Josué pudieron entrar en la Tierra Prometida.

Algunas personas a menudo son como el pueblo de Israel, ya que nunca obtienen su avance ni se convierten en rompedores de barreras, ya sea porque nunca se les ha enseñado o porque se niegan a intentarlo. ¿Por qué Dios recompensó a un hombre como Caleb? ¿Qué espíritu diferente fue el que él tenía y cómo lo obtuvo? Para responder estas preguntas es útil ver con quién estaba emparentado Caleb. Ya hemos visto que los lazos familiares pueden hablar de una persona. Algo seguro es que Caleb tenía el espíritu que Dios buscaba. Él poseía el mismo espíritu de aquellos de quienes hemos leído en capítulos anteriores de este libro, quienes estuvieron determinados a avanzar.

Había algo en sus genes, en su línea familiar que lo ayudó a ser un rompedor de barreras con un espíritu diferente. ¡Caleb pudo hacerlo, estuvo dispuesto y listo para ir y tomar aquello que le pertenecía! Para llevarlo a cabo, tuvo que estar dispuesto a representar a Dios, levantarse frente al pueblo y obedecer la voluntad de Dios. ¿Esto le suena? Si suena a Jacob, el sujetador de tobillos, y a Fares, el niño que se abrió brecha, es porque estaban emparentados. Caleb recibió un espíritu rompedor de barreras y lo desarrolló porque vino del mismo linaje de aquellos quienes poseyeron este espíritu. Moisés escogió a Caleb para representar a la tribu de Judá para espiar la Tierra Prometida. Eso no es de sorprenderse, porque sabemos lo que representaba la tribu de Judá. Judá fue la tribu que iba adelante en alabanza. De la misma manera, nosotros somos escogidos para representar a Jesús, el León de la tribu de Judá; Caleb también representaba a la tribu de Judá por su espíritu guerrero quien vio a un Dios grande realizando cosas grandes.

¿Qué hizo Caleb que lo llevó a ser un rompedor de barreras con un espíritu diferente? Lo más importante de Caleb fue que era un verdadero adorador y un dedicado seguidor del Señor. Números 14:24 dice: *"Pero a mi siervo Caleb, por cuanto hubo en él otro espíritu, y decidió ir en pos de mí [...]"*.

Cuando los demás vieron gigantes en la tierra prometida, Caleb vio victoria. Este es el verdadero espíritu de un rompedor de barreras que está rendido a Dios primero que nada, y que no se concentra en cuán grande es la barrera o el problema, sino en cuán grande es Dios y su promesa para ayudarlo a vencer. Además, se encuentra firmemente establecido en la Palabra de Dios y no teme hacer lo que Dios dijo.

Quiero que se anime, porque todos podemos tener un espíritu diferente como el Caleb y toda su línea familiar de rompedores de barreras. Este espíritu diferente no solamente se refiere a nuestro espíritu, nuestro corazón, sino también a una actitud o mentalidad que prevalece. Nosotros poseemos un espíritu diferente al del mundo para vencer y podemos poseer un espíritu diferente como cristianos cuando comprendemos completamente el poder que nos ha sido dado. Esto se debe a que, como hemos mencionado a lo largo de este libro, recibimos un espíritu diferente cuando aceptamos a Jesucristo, e incluso un poder mayor cuando estamos llenos de su Espíritu Santo (Hechos 1:8). Estar llenos del Espíritu Santo y orar en lenguas es crucial para edificar nuestro espíritu rompedor. Judas 1:20 dice: *"Pero vosotros, amados, edificándoos sobre vuestra santísima fe, orando en el Espíritu Santo"*. Es igualmente una manera grandiosa de generar un avance. Esto sucede al aprender a abrir las fuentes de nuestro interior.

ABRA LA FUENTE DE SU INTERIOR

Usted puede preguntarse: "¿Qué quiere decir abrir la fuente de mi interior?". La respuesta yace en aprender cómo desarrollar un espíritu fuerte de avance en usted y cómo hacer oraciones que abran brecha por usted, dándole los resultados que desea. Cuando está lleno del poder del Espíritu Santo, usted posee un espíritu diferente, un espíritu equipado para el avance. Podemos ver nuestras oraciones respondidas y avanzar al orar en el espíritu. Puede compararse, espiritualmente hablando, con el agua del vientre que se rompe al nacer el bebé. Esto es lo que les sucedió a Rebeca, Tamar y María, quienes dieron a luz rompedores de barreras como Jacob, Fares y Jesús en lo natural. Su fuente física se rompió y dieron a luz a sus hijos. Proféticamente hablando, es de esta manera como recibimos nuestros avances espirituales, orando en el espíritu avanzamos como si rompiéramos fuentes físicas al dar a luz. Recuerde cuando el Señor quebrantó a los enemigos de David como corriente impetuosa en su victoria contra los filisteos, clamando el nombre Baal-perazim, el Señor que quebranta (2 Samuel 5:20).

Cuando rompemos espiritualmente las fuentes de nuestra oración profunda podemos experimentar la fuerza del agua para traer nuestro avance espiritual. Es por esto que Jesús dijo que de nuestro interior correrían ríos de agua viva, de lo más profundo de nuestro ser. Él se refería al poder del Espíritu Santo que estaría en nosotros y fluiría de nosotros.

El que cree en mí, como dice la Escritura, de
su interior correrán ríos de agua viva. Esto
dijo del Espíritu que habían de recibir los
que creyesen en él; pues aún no había venido
el Espíritu Santo, porque Jesús no había sido
glorificado (Juan 7:38–39).

Usted libera ese poder cuando abre la fuente de su interior.
Esto habla de su espíritu en oración, al orar en el espíritu.
Usted puede comprender cómo funciona este principio espiri-
ritual, al considerar el principio físico de lo que sucedió en el
tiempo de Noé.

El año seiscientos de la vida de Noé, el mes
segundo, a los diecisiete días del mes, aquel
día fueron rotas todas las fuentes del grande
abismo, y las cataratas de los cielos fueron
abiertas (Génesis 7:11).

El avance vino después de que las fuentes del abismo se
rompieron, lo que tuvo como consecuencia que se abrieran
las cataratas de los cielos (versículos 18–20, 24). Esto es lo que
sucede igualmente cuando usted comienza a orar de manera
fuerte en el Espíritu desde el interior de su espíritu. Los cielos
se abren sobre su vida y los problemas, y usted experimenta
victoria. Dios prevalece sobre nuestras dificultades como lo
hicieron las aguas en el tiempo de Noé. Es por ello que la
Biblia dice que un abismo (Dios) llama a otro abismo (nosotros). Salmos 42:7 dice: *"Un abismo llama a otro a la voz de*
tus cascadas; todas tus ondas y tus olas han pasado sobre
mí". Está llamado al espíritu rompedor en nuestro interior

para que se conecte con Dios y sea liberado para inundar la tierra con su poder y gloria.

Por ello es importante orar en lenguas a menudo, con el fin de experimentar la prevalencia de Dios para y a través de nosotros. El apóstol Pablo oraba en lenguas más que los demás, por esta razón. Descubrió los beneficios del poder disponible para ganar victorias espirituales. Orar en el espíritu lo ayuda a fortalecerse espiritualmente, porque el rompedor de barreras se desarrolla desde adentro y aprende a abrir camino en los reinos espirituales en conflicto. El poder para avanzar está a nuestra disposición a través del poder del Espíritu Santo quien nos permite romper cualquier barrera que podamos enfrentar. Abrir la fuente de nuestro interior es igualmente la manera en la que los rompedores de barreras pueden conectarse con el poder del Espíritu Santo. Este poder está dentro de los cristianos para levantarse contra el diablo y ganar las batallas de la vida. Por ello, la Escritura dice que cuando el diablo intenta venir en su contra como un río, usted puede levantar bandera, una barrera contra él (Isaías 59:19). ¡Esa bandera es el poder del Espíritu Santo liberado cuando usted abre su boca para orar en el espíritu!

Los cristianos poseen este espíritu diferente que Caleb y Josué tenían naturalmente. Usted lo obtiene espiritualmente cuando nace de nuevo y recibe el poder cuando es lleno del Espíritu Santo. Recuerde que recibimos dos experiencias diferentes con el Espíritu Santo una en la salvación y la otra con la llenura del Espíritu Santo. Jesús dijo que somos un pozo de salvación que salta para vida eterna (Juan 4). Esta es la primera experiencia en la salvación y se refiere a la llegada del Espíritu Santo para hacer que su espíritu nazca de nuevo. Sin embargo, existe otra experiencia disponible una vez que ha sido salvo. Es lo que Jesús llamó ser bautizado en el Espíritu Santo con la evidencia de hablar en otras lenguas (Juan 7:38–39).

Cuando es lleno del Espíritu Santo, usted recibe ese poder dentro de usted para abrir brecha y convertirse en un rompedor de barreras. Al orar en el espíritu, nos llenamos y nos edificamos espiritualmente. Nos ayuda a equiparnos y alistarnos para los desafíos de la vida, y nos da la capacidad de experimentar victoria. Si usted está buscando un avance en su vida y quiere abrir la fuente de su interior, existe una oración en la parte posterior de este libro que lo ayudará a ser lleno del Espíritu Santo y recibir su idioma celestial de oración. Si usted ya ha sido lleno del Espíritu Santo y habla en lenguas, entonces quiero llevarlo más profundamente al abrir la fuente en su interior orando en el espíritu.

La Biblia nos dice que existen diferentes tipos de lenguas o idiomas distintos (1 Corintios 12:28). Nosotros lo experimentamos una vez que abrimos lo profundo de nuestro espíritu al orar a menudo y continuamente, y fortaleciéndonos intensamente en lenguas. Comenzamos a ver diferentes corrientes y ríos, es decir, profundidades del poder del Espíritu Santo. Cuando lo desarrollamos en nuestra vida entramos en cosas más profundas del espíritu. Cuando oramos en el espíritu, tenemos mayor acceso al espíritu, haciéndonos así sensibles al espíritu y entrando en el reino espiritual.

> *Porque el que habla en lenguas no habla a los hombres, sino a Dios; pues nadie le entiende, aunque por el Espíritu habla misterios* (1 Corintios 14:2).

Existen diferentes tipos y dimensiones al orar en lenguas y no se basa en la edad física.

- *Lengua de tartamudos.* Este es a menudo el punto inicial, no el punto final o la manera continua en la que debemos orar. *"Porque en lengua de tartamudos, y en extraña lengua hablará a este pueblo"* (Isaías 28:11). De esta manera es como normalmente suena su manera de hablar cuando es lleno del Espíritu Santo por primera vez. Su lengua de oración puede sonar como unas cuantas sílabas o incluso infantil. Todos debemos crecer física y espiritualmente, y orar en el espíritu no es la excepción cuando necesitamos desarrollarnos. Crecemos en nuestra lengua de oración cuando oramos más en el espíritu.

- *Las lenguas como un idioma definido.* Esto sucede al orar más en el espíritu. Estas lenguas pueden ser diversas o diferentes, es decir, las lenguas pueden sonar diferente a las de otra persona, o incluso a la última vez que oró en ellas. Estos sonidos pueden ser más desarrollados o pronunciados como lenguas de hombres o de ángeles (vea 1 Corintios 13:1). Es entrar en otra dimensión de lenguas en donde encontramos lo que sucedió el día de Pentecostés *"y comenzaron a hablar en otras lenguas, según el Espíritu les daba que hablasen"* (Hechos 2:4). Observe que dice "lenguas" en plural, lo que quiere decir que hay más de una lengua. Algunas veces nos estancamos cuando hablamos en lenguas y nunca tenemos una diversidad o entramos en nuevas dimensiones. En el Pentecostés, las diversas expresiones fueron una imagen de la apertura de su interior y la liberación de sonidos sobrenaturales bien pronunciados por el Espíritu de Dios. Esto no quiere decir que sus labios nunca tartamudearán, sino que necesita continuar desarrollando su espíritu y su lengua espiritual.

- *Diversidad de lenguas y gemidos en el espíritu.* Es aquí donde las lenguas se fortalecen, se hacen más expresivas y de un sonido único y más poderoso en su funcionamiento. Puede ser un gemido fuerte, lenguas, expresiones y sonidos diferentes, a menudo en una fuerte intercesión. Romanos 8:26 dice: *"Y de igual manera el Espíritu nos ayuda en nuestra debilidad; pues qué hemos de pedir como conviene, no lo sabemos, pero el espíritu mismo intercede por nosotros con gemidos indecibles".* Estas son lenguas de intercesión con las que usted puede hacer guerra espiritual e interceder fuertemente en esta dimensión. El resultado puede ser inusual, sobrenatural, sonidos espirituales y gemidos en y por el Espíritu Santo.

- *Cantar en lenguas.* Es orar, interceder y alabar en lenguas. Es componer una melodía y canciones nuevas en su espíritu al profetizar, orar, alabar y cantar en lenguas. Observe que cuando los creyentes estaban llenos del Espíritu Santo y hablaban en lenguas, ellos también exaltaban a Dios. *"Porque los oían que hablaban en lenguas, y que magnificaban a Dios"* (Hechos 10:46). También encontramos que Pedro explica lo que sucedió ese día con respecto al bautismo del Espíritu Santo y hablar en lenguas (vea Hechos 2:17-18). También citó un pasaje de Salmos en relación con la adoración, pero utilizaba este versículo para explicar el derramamiento espiritual, Pedro, refiriéndose a hablar en lenguas, dice que nuestra lengua se goza. Hechos 2:26b dice: *"Por lo cual mi corazón se alegró, y se gozó mi lengua"*. ¿Qué quiere decir eso? Él profetiza acerca del día en que se gozará nuestra lengua. Sabemos que cita un pasaje del libro de Salmos: *"Se alegró por tanto mi corazón, y se gozó mi alma"* (Salmos 16:9). En otras palabras, David se refiere a adorar a Dios. Podemos hacer lo mismo al orar y cantar también en el espíritu. A esto se refirió Pablo en primera de Corintios: *"¿Qué, pues? Oraré con el espíritu, pero oraré también con el entendimiento; cantaré con el espíritu, pero cantaré también con el entendimiento"* (1 Corintios 14:15).

Abrir la fuente de su interior requiere que su espíritu, alma y cuerpo trabajen juntos para orar con poder. No se trata de orar sin ponerle mucho corazón o sin acompañarlo con los movimientos del cuerpo. Ahora bien, no estoy sugiriendo que sea necesario hacer mucho ruido sino orar con intensidad. La razón por la que algunos nunca desarrollan un espíritu diferente y fuerte como muchos cristianos superficiales es porque emprenden un caminar espiritual y una vida de oración a medias, u oran rara vez, si es que lo hacen. Los que si oran, deben conectarse a una vida de oración más fuerte, profunda y más intensa en el espíritu. Existen dos maneras en las que podemos desarrollar más profundamente nuestro espíritu rompedor orando en el espíritu. Sucede al orar en lenguas de edificación y lenguas de intercesión. ¿Cuál es la diferencia? Cuando usted ora en lenguas de edificación, éstas pueden levantarlo. Judas 1:20 dice: *"Pero vosotros, amados, edificándoos sobre vuestra santísima fe, orando en el Espíritu Santo".*

Puede ser fuerte e intenso, pero a menudo solamente con el propósito de nuestro crecimiento y fortaleza espiritual. Es por esto que cuando la gente asiste a reuniones de oración y todos hablan en lenguas, más tarde salen sintiéndose bien, refrescados y fuertes. Sin embargo, nada cambia en la atmósfera o en las cosas por las que oran o interceden. Esto se debe a que a menudo pasan tiempo de oración edificándose y rara vez van a las profundidades de las lenguas de intercesión de acuerdo con Romanos 8:26. Para entrar en esta dimensión, se requiere orar en lenguas, intensamente, concentrado y con dedicación, incluyendo espíritu, alma y cuerpo. Conlleva una actitud de avance. Esta es la diferencia entre muchos que solamente se edifican a sí mismos, contra aquellos que se edifican e interceden en lenguas. Es como un coche que tiene una transmisión estándar que requiere una palanca de velocidades y un embrague. Usted debe trabajar los piñones y el pedal. Debe correr los piñones y poner a trabajar el embrague. No puede avanzar en neutral o en primera velocidad, espiritualmente hablando, o no llegará lejos. Usted necesita poder saber cuándo y cómo aumentar la velocidad. Lo mismo sucede al orar en niveles más profundos del espíritu que traigan un avance para otros y para usted mismo.

Cuando aprenda el poder de desarrollar este espíritu rompedor como lo hizo Caleb, usted prevalecerá sobre el enemigo como Caleb y recibirá las promesas de Dios por las que usted ha estado creyendo. Tiene que abrirse para abrir brecha contra el diablo.

Esto sucedió con Gedeón en Jueces 7. Él les comunicó a sus hombres la estrategia que Dios le dio para rodear al enemigo. Les pidió sostener sus trompetas en una mano y romper los cántaros que estaban cubriendo sus lámparas con la otra mano (versículos 16–20). Para esto se necesitó un espíritu increíble de avance y fe para que 300 hombres rodearan a varios cientos de miles de hombres, y los atacaran con una trompeta y un cántaro.

> *Y los tres escuadrones tocaron las trompetas, y quebrando los cántaros tomaron en la mano izquierda las teas, y en la derecha las trompetas con que tocaban y gritaron: ¡Por la espada de Jehová y de Gedeón! Y se mantuvieron firmes cada uno en su puesto en derredor del campamento, entonces todo el ejército echó a correr dando gritos y huyendo (Jueces 7:20–21).*

Estos 300 rompedores de barreras pasaron la prueba antes, porque sobresalieron de entre los miles. Ellos sobresalieron de manera diferente de entre los demás que formaron parte originalmente del ejército de Gedeón, porque nunca desviaron sus ojos del enemigo. Ellos pasaron la prueba cuando Gedeón los probó al llevarse la mano a la boca para beber, mientras que mantenían sus ojos en el enemigo que estaba frente a ellos. Probablemente se sabe la historia. ¡Ellos definitivamente tenían un espíritu rompedor de barreras!

Cuando este diminuto ejército de 300 llegó a la batalla liberaron lo que Dios estaba esperando. ¡Ellos soltaron un sonido! ¡Cuando Dios escuchó su grito de fe y los vio romper las lámparas, el enemigo corrió de terror!

Esto representa para nosotros, de manera profética, la imagen del creyente y la iglesia. Somos llamados a abrir la fuente de nuestro interior y permitir que la luz y el poder de Dios irrumpan en las tinieblas y prevalezcan contra el enemigo, tal como lo hicieron los hombres de Gedeón. Esto conllevará un sonido, porque nosotros somos la luz del mundo y vasijas de luz. Cuando usted abre la fuente de su interior en oración, suelta luz, gloria y poder para prevalecer sobre el enemigo. Su voz en oración es como la trompeta y su espíritu es como el cántaro que contiene luz y poder para la victoria. Los 300 hombres de Gedeón definitivamente tenían un espíritu diferente al de los 23,000 hombres que huyeron con temor, o como los otros 10,000 hombres que fueron descalificados por Dios, dejando solamente a 300 guerreros. Una cosa es segura: ellos eran rompedores de barreras y, como resultado, Dios se levantó en su defensa y aniquiló al enemigo, a favor de Gedeón y sus 300 hombres. Dios mostró también que Él es el Rompedor cuando los enemigos comenzaron a asesinarse mutuamente a causa del temor (versículo 22).

La manera en la que Gedeón y sus hombres obedecieron a Dios y pusieron las trompetas en sus manos y rompieron los cántaros, es la misma manera en la que debemos acercarnos en oración para lograr el avance. Los hombres de Gedeón rompieron los cántaros, liberando así un sonido y luz. Nosotros lo hacemos de la misma manera espiritualmente al orar en el espíritu. Liberamos un sonido en el reino del espíritu y rompemos la fuente de nuestro espíritu, lo cual libera la gloria y el poder para irrumpir. La clave es orar de tal manera que podamos abrir camino.

LA ORACIÓN PARA LOGRAR EL AVANCE

La oración, especialmente la oración en el espíritu, es necesaria para lograr un avance. Recuerdo estar orando recientemente en el espíritu en mi silla favorita en el oratorio. El Señor me habló una palabra que me llamó la atención. Lo que Él me dijo acerca de la oración en el espíritu afecta tanto al reino físico como al espiritual. El Señor me dijo una frase. Él dijo: "Las lenguas de los hombres y de los ángeles". Recuerdo haber leído este versículo en la Biblia, pero no entendía cómo se aplicaba a la oración en el espíritu. "Si yo hablase lenguas humanas y angélicas [...]" (1 Corintios 13:1). Lo que el Señor intentaba mostrarme era un principio que nos ayuda a lograr un avance. Nos ayuda a obtener respuestas a nuestras oraciones que traen resultados. Entonces continuó: "¡Cuando oras en lenguas mueves a los hombres y a los ángeles!". *¿Cómo es esto?*, pensé. Después me di cuenta de que cuando oramos en lenguas movemos a los hombres porque éstos representan cosas en lo físico. Cuando oramos en lenguas, hablando misterios a Dios, movemos a los hombres aquí en la tierra, ya sea fuera del camino de interferencia de nuestros avances, o sea que los movamos para ayudarnos a recibir un avance.

Cuando oramos en lenguas, también movemos cosas en el reino espiritual, como ángeles y seres espirituales que nos resisten o nos ayudan a recibir también nuestro avance. ¡Por lo tanto podemos decir que orar en el espíritu moverá por nosotros cosas tanto en el reino físico como en el espiritual! Esto nos ayuda a recibir favor de Dios y de los hombres.

Esto es lo que representa la historia de la viuda y el juez injusto. Representa una viuda en la tierra quien necesitaba un avance, pero estaba siendo resistida por un juez injusto.

También les refirió Jesús una parábola sobre la necesidad de orar siempre, y no desmayar, diciendo: Había en una ciudad un juez, que ni temía a Dios, ni respetaba a hombre. Había también en aquella ciudad una viuda, la cual venía a él, diciendo: Hazme justicia de mi adversario. Y él no quiso por algún tiempo; pero después de esto dijo dentro de sí: Aunque ni temo a Dios, ni tengo respeto a hombre, sin embargo, porque esta viuda me es molesta, le haré justicia, no sea que viniendo de continuo, me agote la paciencia. Y dijo el Señor: Oíd lo que dijo el juez injusto. ¿Y acaso Dios no hará justicia a sus escogidos, que claman a él día y noche? ¿Se tardará en responderles? Os digo que pronto les hará justicia. Pero cuando venga el Hijo del Hombre, ¿hallará fe en la tierra? (Lucas 18:1–8).

En la tierra tenemos gente como este juez, quien a menudo entorpece nuestros avances como en el caso de la viuda. La Biblia dice que este juez no temía ni a Dios ni al hombre. Esta es una descripción de lo que hacen las potestades o principados demoníacos cuando están ofreciendo resistencia sobre nuestras oraciones. Esto es lo que sucedió en los días de Daniel. Desde el primer día que oró la Biblia dice que el Señor escuchó sus oraciones y envió un ángel por sus palabras.

> *Entonces me dijo: Daniel, no temas; porque desde el primer día que dispusiste tu corazón a entender y a humillarte en la presencia de tu Dios, fueron oídas tus palabras; y a causa de tus palabras yo he venido. Mas el príncipe del reino de Persia se me opuso durante veintiún días; pero he aquí Miguel, uno de los principales príncipes, vino para ayudarme, y quedé allí con los reyes de Persia* (Daniel 10:12–13).

Había un juez injusto en forma de espíritu demoníaco llamado el príncipe de Persia que resistía a Daniel como a la viuda de Lucas 18. Fue la persistencia de Daniel para ayunar y buscar a Dios, lo que lo llevó a su momento de avance. Lo mismo sucedió con la viuda. Ella se impuso y trazó una línea en la arena, y no aceptó un no como respuesta. ¡Ella era una rompedora de barreras que no se rendiría!

En lo referente a la oración intensa y a no rendirse como esta mujer viuda o como Daniel veamos diferentes palabras y expresiones que a menudo suceden cuando abrimos la fuente de nuestro interior en oración.

- *Oración de trabajo de parto.* Esta es una oración fuerte que a menudo se siente como el nacimiento físico y es equiparada con él. Sucede también al orar en el espíritu y algunas veces viene con gemidos y llanto. A menudo puede llevar el corazón y la carga de Dios, y sentimos su carga hasta que oramos. Cuando nos rendimos por el Espíritu Santo damos a luz, haciendo que desaparezca. *"Hijitos míos, por quienes vuelvo a sufrir dolores de parto, hasta que Cristo sea formado en vosotros"* (Gálatas 4:19).

- *Luchar en el espíritu.* Aquí es donde usted puede sentir resistencia en el espíritu contra fuerzas demoníacas, a menudo llamada guerra espiritual (vea Efesios 6:12). También puede ocurrir al buscar a Dios intensamente pidiendo una respuesta en oración que deseamos recibir. Se requiere de intercesión continua en el espíritu hasta que sentimos liberación o una sensación de avance. Aunque no vemos los resultados físicos, sabemos que ha sucedido un avance en el espíritu que se manifestará en el reino físico. Es lo que le sucedió a Jacob cuando luchó por su bendición (vea Génesis 32:24).

- *Derramamiento.* Estas son oraciones sinceras y espontáneas en voz alta, las cuales también son parte de la apertura de nuestro interior. Son peticiones, deseos que se encuentran en el interior de nuestro corazón, y en las que deseamos y necesitamos prorrumpir. Esto fue lo que Ana hizo cuando era estéril. Derramó su corazón al Señor y recibió de parte de Él. *"He derramado mi alma delante de Jehová"* (1 Samuel 1:15). Ahora bien, estas no son oraciones para gritar, llorar desaforadamente, quejarse con incredulidad o ser autocompasivos. Más bien son oraciones que hacen surgir la oración del espíritu y a menudo están acompañadas de la capacidad de identificarse profundamente con el sentimiento de necesidad, ya sea con respecto a usted o a otra persona.

- *Clamar y gemir en el espíritu.* Estas son oraciones que nacen al buscar y clamar continuamente a Dios, al recordarle su Palabra con respecto a su necesidad de avance. Esto sucedió cuando Israel había estado en esclavitud durante más de 400 años y sus gemidos llegaron a los oídos de Dios: *"Aconteció que después de muchos días murió el rey de Egipto, y los hijos de Israel gemían a causa de la servidumbre, y clamaron; y subió a Dios el clamor de ellos con motivo de su servidumbre. Y oyó Dios el gemido de ellos, y se acordó de su pacto con Abraham, Isaac y Jacob"* (Éxodo 2:23–24). También sabemos que Jesús gimió en el espíritu como una forma de intercesión en la tumba de Lázaro, su amigo, y como resultado, Lázaro fue levantado de los muertos. Estos gemidos a menudo pueden venir sobre usted simplemente orando y rindiéndose al Espíritu Santo.

Puede ser que se manifieste como trabajo de parto, luchando, clamando o gimiendo en el espíritu; estas diferentes manifestaciones a menudo sucederán mientras oremos en el espíritu. ¡Todas son importantes, ya que nos ayudan a abrir la fuente de nuestro interior y obtener resultados de avance!

Resultados de avance

Todos deseamos tener resultados en la vida y en oración. Orar en el espíritu nos ayuda a obtener resultados y, en especial, desarrolla ese espíritu diferente que tenían Caleb y Josué. De igual manera manifiesta la unción de Rompedor de Jesucristo, la cual recibimos cuando nacemos de nuevo y somos llenos de su Espíritu Santo. Orar en el espíritu le ayudará a recibir resultados de avance.

Recuerdo una vez cuando necesitábamos resultados de avance. Necesitábamos rompedores de barreras que poseyeran un espíritu diferente. Literalmente tuvimos que abrir espiritualmente la fuente de nuestro interior en oración. Oramos desde el interior de nuestro espíritu con todo lo que teníamos. Era un asunto de vida o muerte, seguridad o destrucción. El Señor intervino en una noche muy peligrosa en la ciudad de Omaha, donde yo soy pastor. La noche comenzó con algunas tormentas eléctricas normales. Estábamos llevando a cabo un servicio de oración semanal, cuando las cosas cambiaron drásticamente. De un momento a otro, el cielo se llenó de nubes oscuras y siniestras. Comenzó a caer una lluvia fuerte y granizo. Continuamos orando en conjunto, cuando las sirenas de tornado comenzaron a sonar. Las noticias reportaban que había varios tornados en el área de Omaha y uno de ellos iba en dirección a nuestra iglesia.

Las cosas se veían oscuras y siniestras, y sentí que había una guerra que se estaba librando en el espíritu. Era obvio que estaba sucediendo algo más que tornados en el cielo. Le permitimos a todo aquel que quisiera ir a otro lugar de la iglesia para resguardarse, que así lo hiciera. Realmente era muy peligroso salir y uno de los lugares más seguros de la iglesia era el auditorio, ya que era un lugar cubierto. Ahí es donde orábamos. Ya que no podíamos salir y no había suficiente espacio para refugiar a todos en otros sitios, continuamos orando en el auditorio.

Al orar y alabar a Dios, el ruido del viento, las sirenas y el abundante granizo que caía en el techo opacaban nuestras voces, porque había mucho ruido afuera. ¡Continuamos intercediendo! Pude darme cuenta de que varias personas de la iglesia estaban incomodándose por el ruido ensordecedor de la tormenta violenta. En ocasiones sentí que el temor quería hablarme por la gran responsabilidad del bienestar de todos que pesaba sobre mí.

Parecía que no podíamos atravesar el techo de la opresión, y esta tormenta parecía controlar la atmósfera. Parecía como si nada estuviera cambiando, sino empeorando entre más intenso se hacía nuestro clamor a Dios. Incluso teníamos reportes en vivo de televisión, que transmitimos en las pantallas de la iglesia para poder evaluar y orar contra los diferentes tornados que se estaban formando. Entre más orábamos, parecía que aumentaban los tornados. Las cosas estaban empeorando y se estaban reportando más tornados. Dividí a la gente en el lugar. Unos le profetizaban a las pantallas, mientras que otros no las veían y solamente oraban en el espíritu tan fuerte e intensamente como podían. Había otros dedicados a alabar y exaltar a Dios. Continué animando a la gente a no detenerse ni ser impactados por lo que parecía la derrota y un desastre para la iglesia y para Omaha.

Fue una situación intensa, yo sentía que perdíamos terreno, cuando de pronto, sentí que rompimos el techo de nuestro auditorio. ¡Prorrumpimos! Fue como si hubiéramos quitado el techo de nuestra iglesia, espiritualmente hablando, por la oración y la alabanza intensa a Dios. Algo cambió, algo se movió, y aunque la tormenta aún era intensa afuera, todos sentimos una presencia tranquila y poderosa de Dios y su paz inundó el auditorio de nuestra iglesia. Entonces, de inmediato, el exterior cambió, casi en un instante y para el asombro de los meteorólogos de la televisión que estaban cubriendo la tormenta. Una paz vino sobre la ciudad y se repuso.

Al orar, esos tornados no llegaron a nuestra iglesia y nuestra ciudad fue librada. Esto no debería sorprendernos, porque cuando Jesús le habló a las tormentas se calmaron y Él incluso reprendió a los discípulos por no lidiar también con la tormenta. ¡Incluso en las noticias reportaron que esta era la "tormenta perfecta" queriendo decir con esto que los tornados provocarían daños serios! ¡Dios le quitó el poder a la tormenta por las oraciones y la alabanza de su pueblo en nuestra iglesia y en toda la ciudad! Gracias a Dios yo les había enseñado a hacer oraciones poderosas y abrir la fuente de su interior. ¡Estaba muy agradecido de tener un sitio lleno de rompedores de barreras esa noche!

En el tiempo de Noé se dieron resultados de avance en lo físico, cuando las fuentes del abismo se rompieron. Lo que sucedió en los días de Noé puede aplicarse proféticamente a nosotros en la actualidad, en lo espiritual. ¡Los cielos se abrieron, pero también prevalecieron las aguas!

> *Y subieron las aguas y crecieron en gran manera sobre la tierra; y flotaba el arca sobre la superficie de las aguas. Y las aguas subieron mucho sobre la tierra; y todos los montes altos que había debajo de todos los cielos, fueron cubiertos. Quince codos más alto subieron las*

aguas, después que fueron cubiertos los montes.
[...] Y prevalecieron las aguas sobre la tierra
ciento cuarenta días (Génesis 7:18-20, 24).

Esto nos muestra proféticamente que cuando oramos en el espíritu e irrumpimos en lenguas, afectamos los cielos, ya que estos se abren, responden nuestra necesidad y afectan cosas en la tierra también. ¡Lo que sale del cielo prevalece sobre lo de la tierra! Cuando examinamos estos versículos acerca de lo que sucedió físicamente en los días de Noé, podemos aplicarlos a nosotros, con respecto a la manera en que prevalecemos espiritualmente.

Versículo 18 — *Y subieron las aguas y crecieron en gran manera sobre la tierra; y flotaba el arca sobre la superficie de las aguas.* ¡Las aguas prevalecieron cada vez más y los resultados fueron un gran aumento!

Versículo 19 — *Y las aguas subieron mucho sobre la tierra; y todos los montes altos que había debajo de todos los cielos fueron cubiertos.* ¡Las aguas prevalecieron y los resultados fueron bendiciones extremas, y fueron cubiertos los lugares altos, hablando de los lugares demoníacos!

Versículo 20 — *Quince codos más alto subieron las aguas, después fueron cubiertos los montes.* ¡Las aguas prevalecieron y como resultado, las montañas fueron cubiertas, lo cual habla de montañas o barreras que parecían inamovibles o muy grandes para vencer!

La razón por la que obtenemos resultados de avance al orar en el espíritu es porque tenemos el poder del Espíritu Santo para abrir brecha (Hechos 1:8). Jesús dijo que este mismo poder estaría disponible para todo creyente. Marcos 16:17 dice: *"Y estas señales seguirán a los que creen: En mi nombre echarán fuera demonios; hablarán nuevas lenguas".* Los estaba preparando para este nuevo don de hablar en lenguas.

Este mismo poder del Espíritu Santo transformó a Pedro en un rompedor de barreras después de haber negado a Jesús. Este poder también se encontró en Jesús en el huerto cuando se enfrentó con la presión y las barreras demoníacas más grandes conocidas por la humanidad. Él venció en oración. Él pudo hacerlo en oración porque tenía una vida desarrollada de oración consistente antes del momento en el que iba a necesitar un avance. Esto también es importante para nosotros para no correr intentando obtener un avance sin tener ya un estilo de vida de oración establecido. Jesús nos enseñó el principio poderoso de perseverar en oración. Observe que fue *un poco adelante* cuando estuvo en su mayor necesidad de un momento de avance.

Yéndose un poco adelante, se postró en tierra,
y oró que si fuese posible, pasase de él aquella
hora (Marcos 14:35).

Jesús perseveró un poco más y con un poco más de intensidad. Después les pidió a tres de sus discípulos más cercanos, Pedro, Santiago y Juan, que oraran con Él. Él había trabajado con ellos más de cerca intentando convertirlos en rompedores de barreras. Esto sucedió en su más grande necesidad de oración de avance, pero vemos que no fueron de gran ayuda. ¡Jesús les pidió de nuevo que oraran por él y los encontró durmiendo! Él fue tres veces a pedirles que oraran por Él. ¿Por qué se los pidió tres veces? Porque Jesús estaba orando en su momento de mayor necesidad y deseaba que aquellos que estaban a su alrededor lo apoyaran. Contaba con ellos y deseaba que ellos tuvieran un espíritu diferente, como Caleb, de quien leímos al principio del capítulo. ¡Jesús venía a cumplir la promesa de Génesis 3:15 y puso su Reino en las manos de estos primeros rompedores de barreras, quienes ayudarían a establecer su Iglesia y su Reino en la Tierra!

Debemos cuidar no dormirnos en oración como los discípulos lo hicieron en el huerto. Esto es algo que utilizará el diablo para hacer que muchas oraciones se queden sin respuesta. Puede ser quedarse dormido literalmente, o el estado espiritual de muchos que son apáticos o están aletargados. Podemos ver esta poderosa verdad en Hechos 20.

> *El primer día de la semana, reunidos los discípulos para partir el pan, Pablo les enseñaba, habiendo de salir al día siguiente; y alargó el discurso hasta la medianoche. Y había muchas lámparas en el aposento alto donde estaban reunidos; y un joven llamado Eutico, que estaba sentado en la ventana, rendido de un sueño profundo, por cuanto Pablo disertaba largamente, vencido del sueño cayó del tercer piso abajo, y fue levantado muerto* (Hechos 20:7–9).

La Biblia dice que mientras Pablo predicaba hasta medianoche, un joven llamado Eutico estaba sentado en la ventana cuando se durmió y cayó hacia la muerte, tres pisos abajo. Pablo lo levantó y le devolvió la vida, levantándolo de la muerte. Creo que este es un gran ejemplo de lo que significa quedarse dormido espiritualmente. La historia puede ser una llamada de atención literal para nosotros en la actualidad, debido al estado espiritual y el aletargamiento de muchos en la iglesia. Muchos se han quedado dormidos en su vida de oración y su caminar con Dios. En muchos casos, la iglesia es como las luces en el aposento alto, así como nosotros somos la luz del mundo. Algunos en la iglesia han caído del tercer piso espiritualmente como este hombre y necesitan ser revividos. El edificio de tres pisos es importante comparado con nosotros proféticamente, ya que estamos sentado con Cristo en los lugares celestiales. Este es el tercer cielo y habla de nuestra oración espiritual y nuestra posición como rompedores de barreras para vencer en la tierra.

Podemos mantener nuestro sitio en el espíritu y evitar quedarnos dormidos como Eutico, al abrir la fuente de nuestro interior, causando que los cielos sean abiertos. Orar en el espíritu nos ayuda a permanecer en nuestro sitio espiritual de autoridad para no dormirnos y evitar perder nuestra posición espiritual como el ejemplo de Eutico.

Abrir la fuente de su interior le da los resultados que desea y lo mantiene fuerte en su espíritu. Le ayuda a desarrollar un espíritu diferente, un espíritu que no se duerme, debilita o es apático. No debemos olvidar que cuando oramos en lenguas regularmente y nos convertimos en buenos administradores de lo que hemos recibido, entonces recibiremos los resultados de avance que deseamos.

El apóstol Pablo le ordenó a la Iglesia ser buena administradora de los misterios que se nos han confiado. Esto aplica a quienes oramos en el espíritu, porque cuando oramos en lenguas le hablamos misterios a Dios (consulte 1 Corintios 14:2). Pablo continúa ordenándonos ser buenos administradores de los misterios que nos han sido dados. Esto incluye orar en el espíritu y hablarle misterios a Dios.

*Así pues, téngannos los hombres por servidores
de Cristo, y administradores de los misterios
de Dios. Ahora bien, se requiere de los administradores, que cada uno sea hallado fiel*
(1 Corintios 4:1–2).

Nos convertimos en buenos administradores al cuidar
nuestra vida de oración en el espíritu y no dormirnos. Debemos asegurarnos de orar continuamente todos los días y ser
fieles en este don que hemos recibido de Dios. Así es como literalmente podemos *"orar sin cesar"* (1 Tesalonicenses 5:17).
Es tiempo de abrir la fuente de nuestro interior y obtener
los resultados de avance que deseamos. Si queremos resultados, debemos estar dispuestos a aplicarnos y trabajar por
ello. Esto viene de una vida de buscar y desear más de Dios.

CONSULTE A DIOS PARA LOGRAR UN AVANCE

Obtener resultados de avance y experimentar una vida de
avances y victoria, comienza y continúa al aprender a buscar
a Dios. Surge al buscar de Él. Es así como David avanzó contra el enemigo, los filisteos: consultó a Dios.

*Entonces consultó David a Jehová, diciendo:
¿Iré contra los filisteos? ¿Los entregarás en mi
mano? Y Jehová respondió a David: Ve, porque
ciertamente entregaré a los filisteos en tu mano*
(2 Samuel 5:19).

¿Qué quiero decir con consultar al Señor y cómo se relaciona con el avance? En Salmos 27 vemos a David orar y
adorar al Señor. Él consultaba al Señor.

Una cosa he demandado a Jehová, ésta buscaré;
que esté yo en la casa de Jehová todos los días
de mi vida, para contemplar la hermosura de
Jehová, y para inquirir en su templo (Salmos
27:4).

David no solamente estaba haciendo preguntas con respecto a su vida en oración. ¡Él estaba abriendo camino! En este versículo, la palabra para "inquirir" es *baqar*. Literalmente significa "arar", aunque también quiere decir "avanzar" en el sentido de buscar y explorar. Esto nos revela que si deseamos avanzar, esto vendrá a través de consultar a Dios. Quizá tengamos que consultar a Dios, lo cual requerirá abrir la tierra a través de la resistencia espiritual; para lo cual necesitaremos hambre y búsqueda espiritual. Esto proviene de una vida dedicada de oración y comunión con Él.

Esto, a su vez surge por medio de construir un altar de oración. ¿Cómo construimos los altares de nuestro corazón en oración? La primera vez que se menciona la palabra altar en las Escrituras se encuentra en Génesis 8, cuando Noé estableció un altar delante el Señor.

Y edificó Noé un altar a Jehová, y tomó de todo
animal limpio y de toda ave limpia, y ofreció
holocausto en el altar. Y percibió Jehová olor
grato; y dijo Jehová en su corazón (Génesis
8:20–21).

La edificación de este altar al parecer fue instigado por Noé, y nos revela cómo podemos construir un altar en nuestra vida. En primer lugar, un altar es un sitio donde nos encontramos con Dios y tenemos comunión con Él. Es donde usted establece su propio lugar para encontrarse con Dios y estar con Él. ¿Cuánta gente no lograría sus avances en la vida si estableciera un tiempo y un lugar de encuentro diario con Dios, a través de un altar de oración y adoración ante Él? Creo que esto es algo que el Señor realmente busca en nuestra vida en la actualidad. En segundo lugar, un altar es un lugar en donde se presenta algo. Necesitamos traer nuestra vida ante el Señor, limpia y pura. En tercer lugar, Noé también sacrificó algo ante el Señor como un acto de adoración, obediencia y honor para Él. Todo esto llamó la atención del Señor haciendo que se sintiera satisfecho.

Cuando se trata de construir altares en nuestro corazón, al buscar un avance, es útil comprender la importancia de una vida de pureza y rectitud. Cuando somos tan puros como el templo del Señor, estamos mejor preparados, en posición y aptos para avanzar espiritualmente. ¿Por qué? Se debe a que la limpieza espiritual lo ayuda a tener poder para avanzar. Por ello es importante construir un altar en nuestra vida, para ayudarnos a vivir puros ante Dios. La limpieza espiritual a través de una vida de arrepentimiento, santidad, pureza, integridad y honor, ayuda a traer un avance a nuestra vida. Esto es lo que sucedió cuando Jesús limpió el templo en Juan 2. Hubo un avance de milagros inmediatamente después de que Jesús ministró después de limpiar el templo.

> *Estando en Jerusalén en la fiesta de la pascua, muchos creyeron en su nombre, viendo las señales que hacía* (Juan 2:23).

El hecho de que Jesús limpió el templo y después siguió un avance es un principio que puede aplicarse a nosotros hoy. Nosotros somos el templo espiritual de Dios y debemos cuidarlo y mantenerlo santo.

> *¿No sabéis que sois templo de Dios, y que el Espíritu de Dios mora en vosotros?* (1 Corintios 3:16).

Cuando lo hagamos, no solamente veremos que las cosas se ordenan en nuestra vida, como cuando Jesús puso las cosas en orden al limpiar el templo, sino que también experimentaremos resultados de avance. La limpieza precedía a los milagros. ¡Entre más buscamos vivir una vida limpia ante el Señor en rectitud, nos colocamos mejor en posición para el avance!

Es por eso que es importante continuar buscando a Dios en nuestro templo espiritual y reconstruir los altares en nuestra vida. Algunas formas de en las que podemos llevar a cabo esto es sacando la suciedad del pozo. ¿Qué quiero decir con la suciedad del pozo? Espiritualmente hablando, nuestro pozo es la fuente de nuestro interior o nuestro espíritu. Entre más continuemos añadiendo y permitiendo cosas terrenales, físicas y carnales en nuestra vida, más afectarán finalmente nuestro acceso y capacidad para sacar de nuestro espíritu las cosas que necesitamos para abrir camino. Permitir contaminación espiritual solamente detiene el fluir del poder de Dios y dificulta la apertura de la fuente de nuestro interior. Vemos un ejemplo físico del principio espiritual de destaponar los pozos al deshacernos de la suciedad que provocó que el pozo dejara de dar agua. Esto es lo que Isaac tuvo que hacer para experimentar avance y frescura. Tuvo que destaponar el pozo. Tuvo que abrir la tierra para irrumpir a fin de llegar a las aguas de frescura.

Y volvió a abrir Isaac los pozos de agua que habían abierto en los días de Abraham su padre, y que los filisteos habían cegado después de la muerte de Abraham; y los llamó por los nombres que su padre los había llamado (Génesis 26:18).

Isaac tuvo que abrir los pozos que habían sido cubiertos de suciedad. Nosotros tapamos los pozos espiritualmente al poner cada vez más cosas del mundo en nuestro espíritu. En esencia, nos llenamos de suciedad. Algunas de estas cosas quizá no sean malas, pero seguramente pueden detener u obstruir el poder de Dios en nuestra vida.

Quiero animarlo a continuar y establecer hoy un altar delante de Dios y abrir la fuente de su interior. Esto ayudará a deshacerse en su vida de cualquier cosa que pueda estar deteniendo o conteniendo su avance. ¡Es tiempo de abrir la fuente de su interior! Cuando lo haga, desarrollará un espíritu fuerte, un espíritu diferente que se levantará para cumplir la voluntad de Dios para su vida, como lo hicieron Caleb y Josué. Usted soltará el espíritu rompedor que ha recibido de Jesús por el Espíritu Santo. El cielo es literalmente el límite de su avance. ¡Abra la fuente de su interior y vea cielos abiertos para usted y para que su victoria comience a fluir en su vida!

Capítulo siete

LA CASA DE FARES: IGLESIAS Y CREYENTES ROMPEDORES DE BARRERAS

Y sea tu casa como la de Fares, el que Tamar
dio a luz a Judá, por la descendencia que
*de esa joven te dé Jehová (**Rut 4:12**).*

"HANK, ¿SERÍAS PASTOR?", dijo una voz que me habló de camino a casa. Era una voz dulce, pero firme que me pareció muy real. Fue como si alguien hablara dentro del coche, aunque yo iba solo. Recuerdo haberme sorprendido tanto por lo que escuché, que me detuve a un lado del camino a unas cuadras de mi casa, poco después de escuchar la voz. Dije: "Señor, ¿eres tú, qué dijiste? Si eres tú, Señor, entonces sí, seré pastor". El Señor sabía que en ese punto de mi vida yo estaba yendo y viniendo en el ministerio. En realidad no deseaba ser pastor. Mis deseos han cambiado desde hace una década de ser pastor principal, después de comenzar nuestra iglesia con mi esposa y unas cuantas personas. Me encanta viajar y todas las plataformas que Dios nos ha dado a mi esposa, Brenda, y a mí, pero lo que más amo es la maravillosa congregación que pastoreamos en Omaha.

Cuando comenzamos nuestra iglesia, parecía que casi no estábamos creciendo. Sabía en mi corazón que Dios quería algo diferente del statu quo y de las nuevas corrientes de iglesias amigables con los buscadores espirituales sin poder. Comenzamos a crear un nuevo sonido, un sonido profético en nuestra adoración y alabanza que era diferente al que mucha gente del área estaba acostumbrada. La gente venía de visita y nos veía como si fuéramos demasiado extremos. No, no hablo de la carne y el descontrol, estoy hablando de pasión, alabanza profética y una adoración sincera, espontánea, dirigida por el Espíritu, un sonido que no busca imitar canciones y sonidos de los nuevos artistas de música cristiana, aunque sí cantamos sus canciones. Sin embargo, lo que Dios quería para nosotros era crear nuestro propio sonido y expresión profética únicos.

Yo también sabía que Dios quería una oración fuerte que sonara como un estruendo, que levantara el techo espiritual de la ciudad y creara cielos abiertos. ¡Dios mío, eso era difícil en ese tiempo, porque la gente quería una oración callada y reservada, sin poder! Una vez más, había una lucha para hacer que nos rindiéramos y nos amoldáramos a los espíritus religiosos de nuestro territorio, pero mi esposa, la iglesia y yo no nos rendiríamos a eso.

Gracias a Dios no lo hicimos, porque en la actualidad tenemos una iglesia fuerte en nuestra ciudad que tiene el poder de Dios, con señales, maravillas y prodigios, alabanza y adoración fresca profética, y la increíble presencia de Dios. Él nos ha dado generales de fe nacionales e internacionales reconocidos, quienes vienen a ministrar a nuestra iglesia y son bendecidos por lo que Dios ha hecho. ¡Esto se debe a que Dios desea una casa de Fares, una casa completa de avance!

Al principio no había percibido que Dios estaba estableciendo una iglesia de avance, tal como necesitan ser sus iglesias. Él quiere que nuestras iglesias sean casas de avance o podemos decir "casas de Fares".

LA CASA DE FARES

Dios desea que su Iglesia esté compuesta por rompedores de barreras, y ésta debe convertirse, proféticamente hablando, en una "casa espiritual de Fares". Se debe al linaje físico de rompedores de barreras que nacieron en esa familia y al hecho de que él represente el avance. ¡Una casa de Fares implica proféticamente una casa de avance! Este espíritu de avance que Dios desea, también es para iglesias y no solamente para personas. Habla proféticamente de una iglesia de avance que cumple la profecía de los aplastadores de serpientes y rompedores de barreras (Génesis 3:15).

Recuerde que Dios prometió enviar un Rompedor, su Hijo Jesucristo a través de una semilla. ¡Este Rompedor aplastaría la cabeza del diablo, aunque Satanás no conocía el misterio que continuaría en la Iglesia del Señor! El diablo estaba tan seguro de que ganaría, que incluso se burló de Jesús golpeándolo en la cabeza con una caña a través de las acciones de los soldados romanos. Parecía que el diablo intentaba insinuar que él era quien aplastaría la cabeza y no Jesús. Él enemigo en realidad pensó que él estaba ganando y aplastando la cabeza de Jesús, en lugar de que Dios aplastara su cabeza como lo decía la profecía. Sin embargo, sabemos que Jesús aplastó la cabeza del diablo y cumplió la profecía a través de un linaje terrenal que comenzó con Abraham y continuó con Isaac, Judá, Jacob, Fares, el rey David y finalmente con Jesús; pero no se detuvo con ellos. Nosotros también hemos sido incluidos en este linaje por medio del espíritu de adopción en Jesucristo. Esto se debe a que los rompedores de barreras no son solamente individuos, sino una línea completa de personas quienes poseen el mismo espíritu de la promesa profética original de Génesis. Dios buscaba creyentes de avance y una gran familia para establecer su Reino y traer a su Hijo, el Rompedor supremo. Dios desea grupos de gente que juntos formen casas de Fares, que el diablo no pueda detener.

Los hijos ilegítimos y la generación ilegítima

Una de las maneras en la que el diablo intentó detener el cumplimiento de Génesis 3:15 y corromper la casa de Fares fue a través de una maldición de ilegitimidad. Él utilizó el hecho de que Fares nació de Judá y Tamar, fruto de relaciones sexuales entre un suegro y su nuera. Tamar no estaba casada con Judá cuando tuvo relaciones con él, y la Ley del Levirato tampoco permitía que una nuera se casara con su suegro. Satanás estaba contando con una maldición de ilegitimidad la cual, de acuerdo con la ley, duraba diez generaciones, con el fin de intentar detener cualquier semilla real o influencia que pudiera finalmente llevar a la destrucción de su cabeza.

No entrará bastardo en la congregación de Jehová; ni hasta la décima generación no entrarán en la congregación de Jehová (Deuteronomio 23:2).

Podemos ver que este versículo se aplicaba a Fares, cuyo nacimiento fue ilegítimo. Aunque es en la ley de Moisés donde se encuentra registrada la maldición, la cual llegó varios años después de Fares, nosotros sabemos que Dios toma la herencia familiar muy seriamente, ya que la Ley del Levirato fue diseñada para levantar descendientes de esa línea familiar solamente mediante el matrimonio con los hermanos sobrevivientes. Este nacimiento ilegítimo podría afectar a las generaciones futuras y posiblemente destruir el linaje de los rompedores de barreras, y, finalmente, el nacimiento de Cristo. ¡Esto nos ayuda a ver que el diablo de verdad iba detrás de la semilla y deseaba desbaratar la línea familiar que produciría al Mesías!

¿Por qué sería éste un factor que se podría aplicar a Fares y al linaje terrenal de Jesucristo? La razón era que Fares era un hijo ilegítimo, lo cual quería decir que habría una maldición en la línea familiar durante diez generaciones. Es por esto que Jesús nació de una virgen, porque la maldición en la línea familiar del pecado de Adán se transmitió a todos los que nacieran en este mundo.

Debemos entender las posibles implicaciones serias de lo que significaba ser ilegítimo. De acuerdo con este versículo, ser un hijo ilegítimo podía ser por haber nacido como fruto de una relación adúltera, de un incesto o de padres solteros. El nacimiento de Fares afectaría diez generaciones de descendientes quienes no podrían entrar en la casa del Señor.

El hecho de que un hijo ilegítimo no pudiera entrar en la casa del Señor, no quería decir que fueran marginados sociales; se relacionaba con la línea familiar limpia de Israel que produciría al Mesías. Muchos comentarios bíblicos también consideran que quiere decir que no tenían derecho a ocupar ningún puesto en el gobierno del pueblo de Dios. No se les permitía hacerlo durante diez generaciones. Sin embargo, Dios continuó llevando a cabo su plan, al esperar que pasaran diez generaciones dentro de la misma línea familiar y después ungir a David como rey. Es por esto que vemos en el libro de Rut, la profecía de que Fares sería la casa (la línea familiar), igualmente por medio de David, a través de la que Dios construiría la línea mesiánica.

Sin embargo, Israel comenzó a desear un rey antes de que llegara la décima generación. Dios estaba esperando un hijo de la décima generación, David, quien se levantaría para romper la maldición y establecer una línea de reyes que llevaría hacia Jesucristo. ¡Pero Israel deseaba uno ahora! Creo que el diablo le temía a esta promesa e hizo que Israel deseara un rey antes del tiempo indicado. Satanás pensó que ganaría al alterar el tiempo de Dios e interrumpir el proceso del linaje real.

Sin duda, el diablo conocía esta maldición de diez generaciones y pensó que haciendo que Israel escogiera un rey antes de tiempo, interrumpiría la oportunidad de la venida de reyes de un linaje real de reyes que provinieran de la línea familiar de Judá para aplastar su cabeza. Tener un rey en ese momento no era la idea de Dios, pero Israel estaba determinado a tenerlo, tal como todas las demás naciones. El diablo lo utilizó en contra de Israel, a pesar de que esto iba contra la voluntad de Dios y provocó que la gente clamara por un rey.

En medio del reclamo de Israel por un rey, el Señor le ordenó a Samuel conseguirles un rey. Pero no buscó a uno de la casa de Judá. Posiblemente sabía que la línea real vendría de Judá, pero también sabía que no era el tiempo indicado porque la maldición continuaba vigente. Estoy seguro de que el profeta Samuel, así como el diablo, estaban al tanto de la profecía de Judá de que el cetro para gobernar siempre estaría en manos de Judá. *"Nunca será quitado el cetro de Judá [...]"* (Génesis 49:10). En lugar de eso, el Señor le ordenó ir por Saúl de la tribu de Benjamín.

En última instancia, el rey que Dios quería, vendría de la casa de Judá y llevaría al nacimiento del rey Jesús. Sabemos que era David, pero Dios le dio a Israel provisionalmente lo que quería, con Saúl. Esta maldición no estaba completamente rota aún y Saúl no fue rey por mucho tiempo.

El diablo intentaba reemplazar el plan de Dios al provocar que el pueblo quisiera un rey fuera de la voluntad y el tiempo de Dios, y fuera de la casa de Judá. Él intentaba quitar el cetro de las manos de Judá. Si el rey Saúl hubiera transmitido el trono, entonces su linaje habría estropeado el plan de Dios, y eso habría provocado resultados devastadores. Sin embargo, Dios siempre tiene un plan para beneficiarnos, y así esperó las diez generaciones para continuar con su promesa.

Estas son las generaciones de Fares: Fares (1) engendró a Hezrón, Hezrón (2) engendró a Ram, y Ram (3) engendró a Aminadab, Aminadab (4) engendró a Naasón, y Naasón (5) engendró a Salmón, Salmón (6) engendró a Booz, y Booz (7) engendró a Obed, Obed (8)

*engendró a Isaí, e Isaí (9) engendró a David
(10) (Rut 4:18).*

Cuando contamos estas generaciones a partir de Fares
que fue nacido fuera del matrimonio y considerado ilegítimo, vemos que David fue la décima generación de la línea de
Judá quien podía reinar y a quien la maldición no le impe-
día hacerlo. La razón por la que tuvieron que esperar hasta
David es porque Judá, quien finalmente produciría reyes para
la nación de Israel, había pecado. Produjo un hijo ilegítimo,
Fares, como heredero al trono. Por ello, el pueblo de Israel
tuvo que esperar diez generaciones antes de que viniera un
rey. Por eso fue que Dios esperó a David después de diez generaciones y ahora una persona de esa línea familiar podría
gobernar y ser establecido como rey. Esto nos debería ani-
mar, ya que Dios conoce nuestro futuro antes que nosotros.
Si le confiamos nuestra vida y futuro, entonces Él establecerá
su plan y abrirá camino en nuestra vida. ¡Aunque hubo un
intento de interrumpirlo, Dios fue más astuto que el diablo y
estableció su plan perfecto!

David fue elegido como rey y sería a través de su trono
que Jesús establecería su Reino en la tierra.

> *Y ahora, concebirás en tu vientre, y darás a
> luz un hijo, y llamarás su nombre Jesús. Este
> será grande, y será llamado Hijo del Altísimo;
> y el Señor Dios le dará el trono de David su
> padre (Lucas 1:31–32).*

Después de que Saúl se convirtió en el primer rey de Israel
durante poco tiempo, Dios lo rechazó por sus transgresio-
nes y escogió a un hombre conforme a su corazón, David. El

Señor llevó a Samuel a la casa de Isaí de Judá para encontrar al futuro rey y establecer el trono en el que el Señor Jesús se sentaría.

> *Dijo Jehová a Samuel: ¿Hasta cuándo llorarás*
> *a Saúl, habiéndolo yo desechado para que no*
> *reine sobre Israel? Llena tu cuerno de aceite, y*
> *ven, te enviaré a Isaí de Belén, porque de sus*
> *hijos me he provisto de rey* (1 Samuel 16:1).

Dios encontró a David, quien representaría a su Reino en la tierra conforme a su corazón. Dios en realidad no quería que Israel tuviera un rey como lo tenían las demás naciones, porque Él quería ser su rey. Él quería que de la línea de rompedores se levantara quien traerían al Señor como Rey en forma de Mesías.

Este ejemplo de Fares como ilegítimo y de esa maldición llegando a su fin con David, revela otra imagen profética de quiénes somos como rompedores de barreras en Cristo. Podemos comenzar como Fares, como hijos ilegítimos, hasta ser como David. Cuando nacemos de nuevo nos convertimos en reyes espirituales, parte del linaje celestial de Jesucristo.

> *Y nos hizo reyes y sacerdotes para Dios, su*
> *Padre; a él sea gloria e imperio por los siglos*
> *de los siglos. Amén* (Apocalipsis 1:6).

Hemos sido adoptados como familia de Dios a través de Jesucristo, aunque el diablo intentó interrumpir este linaje prometido al corromper a los reyes anteriores. Durante un tiempo, el diablo parecía ganar terreno en esta maldición de ilegitimidad. Al principio, parecía que iba ganando. Sin embargo, en todo esto, el diablo no sabía el misterio de que en Jesucristo, Dios tenía su propia semilla la cual entraría en juego. ¡Al hacer esto, Dios rompería la maldición ilegítima de toda la humanidad, por medio del espíritu de adopción por y mediante Jesucristo! Esto está a disposición de cualquiera que acepte a Jesús como su Señor y su Salvador de esa maldición. A partir de esto se rompe la maldición y ellos son adoptados en la familia celestial con acceso a Dios. Al final, fue el diablo quien resultó engañado y terminó perdiendo. Dios estaba en el proceso de levantar una generación de rompedores de barreras en creyentes quienes romperían esta maldición y establecerían el Reino de Dios.

La adopción rompedora de barreras

Esta es la razón por la que ya no somos hijos ilegítimos una vez que nacemos de nuevo. Nos convertimos en hijos o hijas de Dios a través de la adopción espiritual.

> *En amor habiéndonos predestinado para ser adoptados hijos suyos por medio Jesucristo, según el puro afecto de su voluntad* (Efesios 1:5).

Antes, nosotros éramos hijos ilegítimos nacidos de Adán y Eva. En realidad éramos hijos del diablo bajo la maldición. Todos somos creación de Dios, pero eso no quiere decir que todos somos sus hijos. En mi vida he escuchado mucha gente decir que todos somos hijos de Dios, por supuesto, refiriéndose a toda la humanidad. No estoy de acuerdo. No todos somos hijos de Dios, sino que todos somos su creación. Incluso Jesús resaltó esta verdad espiritual ante los fariseos. Él definió clara y deliberadamente a los hijos de Dios y los hijos del diablo, incluso acusando a los fariseos de ser hijos del diablo.

> *Yo hablo lo que he visto cerca del Padre; y vosotros hacéis lo que habéis oído cerca de vuestro padre* (Juan 8:38).

> *Jesús entonces les dijo: Si vuestro padre fuese Dios, ciertamente me amaríais [...]* (Juan 8:42).

> *Vosotros sois de vuestro padre el diablo, y los deseos de vuestro padre queréis hacer* (Juan 8:44).

El diablo ya no es nuestro padre cuando somos adoptados espiritualmente por Dios a través del nuevo nacimiento. Entonces ya no somos más hijos ilegítimos. Una vez que nacemos de nuevo, nos convertimos en hijos e hijas del Señor altísimo. Es importante saber esto, porque antes de nacer de nuevo, todos somos creación de Dios y espiritualmente ilegítimos. Una vez que somos salvos por medio de la sangre y la gracia de nuestro Señor Jesucristo, entonces recibimos una nueva identidad y una nueva naturaleza.

> *De modo que si alguno está en Cristo, nueva criatura es; las cosas viejas pasaron; he aquí todas son hechas nuevas* (2 Corintios 5:17).

Somos adoptados en una nueva familia en la tierra, incluso podemos llamar a Dios nuestro Padre. No somos hijos ilegítimos en Cristo. Hemos sido adoptados por Dios el Padre. Cuando comprendemos esta adopción celestial reconocemos que somos una gran familia con aquellos que han ido al cielo antes que nosotros, y aquellos que permanecen en la tierra como cristianos. Esto quiere decir que hemos sido adoptados en este linaje rompedor de barreras, espiritualmente hablando, a través de Jesucristo, y que la maldición ilegítima está rota en nuestra vida.

También recibimos el espíritu rompedor de barreras de Jesucristo para soportar los desafíos de la vida. Cada uno de nosotros tiene la oportunidad de convertirse en parte de esta familia celestial si aceptamos a Jesucristo como su Señor y Salvador. Dios abre sus brazos y corazón a aquellos que realmente harán a Jesús Señor de sus vidas.

Aunque mi padre y mi madre me dejaran, con todo, Jehová me recogerá (Salmos 27:10).

Todos debemos tener esperanza de que Dios es un Padre amoroso que quiere adoptarnos a todos, como lo dice este versículo. Incluso podemos aprender de Fares, el rompedor de barreras, aunque él no haya nacido en una situación ideal. Fue considerado un hijo ilegítimo, pero Dios utilizó su vida a pesar de ello para producir un linaje de reyes, ¡ya que él llevaba un espíritu de rompedor! Dios hizo algo poderoso en su vida.

¿No es asombroso que Dios escogiera utilizar a un niño ilegítimo para ser parte del linaje de Jesús el Cristo, y el Salvador del mundo? El nacimiento de Fares, habla también de la gracia y misericordia de Dios para darnos una buena posibilidad y una oportunidad para avanzar aunque no hayamos nacido en las circunstancias correctas. Esto quiere decir que todos necesitamos levantarnos sobre lo que estamos enfrentando o lo que la vida nos ha dado, y determinar ser rompedores de barreras quienes dejan una poderosa marca en la tierra para el Señor. No podemos continuar viviendo en fracaso y detrás de muros de excusas. La verdad es que la casa entera de Dios, su Iglesia, está hecha, espiritualmente hablando, de ex hijos ilegítimos y todos necesitaban ser adoptados por su Padre celestial en una relación padre e hijo. *Porque no habéis recibido el espíritu de esclavitud para estar otra vez en temor, sino que habéis recibido el espíritu de adopción, por el cual clamamos: ¡Abba, Padre!* (Romanos 8:15).

¡Gracias a Dios eso significa que ya no somos hijos ilegítimos quienes no pueden reinar o gobernar con Jesús! Se nos ha dado un lugar celestial donde estamos sentados con Él en los lugares celestiales (vea Efesios 2:6). No somos hijos ilegítimos sin posibilidad de tener éxito o sin derechos. ¡Se nos ha dado el poder para gobernar, porque ahora somos reyes y sacerdotes en Dios!

Se nos ha dado autoridad, justicia y el derecho de estar con Dios. Ya no somos hijos ilegítimos, sino reyes y sacerdotes quienes ahora pueden acercarse a Dios en esta generación. ¿Qué generación? Hablo de una generación profética de rompedores de barreras quienes tienen el mismo poder y espíritu disponible que Jesús cuando caminó en la tierra. *En esto se ha perfeccionado el amor en nosotros, para que tengamos confianza en el día del juicio; pues como él es, así somos nosotros en este mundo* (1 Juan 4:17).

No se nos impide ir a Dios y reinar con Él como reyes. Hemos sido aceptados y ya no somos espiritualmente ilegítimos. Somos la generación de reyes con un espíritu de avance, un espíritu diferente como el de Josué y Caleb. Podemos poseer nuestra herencia espiritual en Cristo. Estamos sentados con Cristo en lugares celestiales y somos coherederos. ¡Ya no somos hijos ilegítimos sin derechos! Hemos cumplido la promesa de Génesis 3:15 a través de Cristo, aunque el diablo intentó interrumpir y detenerla a lo largo del tiempo. ¡Jesús resucitó de la muerte y ascendió al cielo, y está sentado como Rey a la diestra de Dios, nuestro Padre!

¡La maldición de ilegitimidad está rota para nosotros por medio de Jesús, y ahora somos la justicia de Dios en Cristo (vea 2 Corintios 5:21)! Cuando Dios el Padre nos ve, Él nos ve a través de Jesucristo. La Biblia llama a Jesús el Señor, justicia nuestra. *En sus días será salvo Judá, e Israel habitará confiado; y este será su nombre con el cual le llamarán: Jehová, justicia nuestra* (Jeremías 32:6).

Dice que será llamado de esta forma, pero observe lo que nos sucede a quienes hemos nacido de nuevo y ya no somos ilegítimos. No tenemos que esperar diez generaciones antes de que nuestro Rey se levante para romper la maldición. Nuestro Rey ha venido a romper toda maldición y destruir el peso de la oscuridad. ¡Él es el Rey en el trono y Señor de todo, y también nos dio la herencia de su Reino! Nuestra identidad ha sido cambiada y Dios nos ve a través de la sangre de Jesús. ¡Observe cómo nosotros, la Iglesia, esta casa moderna de Fares, rompedores de barreras, somos llamados! *En aquellos días Judá será salvo, y Jerusalén habitará segura, y se le llamará: Jehová, justicia nuestra* (Jeremías 33:16).

Ahora sabemos que Jesús es Dios, la deidad, el Cristo y el Señor, justicia nuestra. Él es llamado el Señor, justicia nuestra. Dios el Padre nos ve como hijos adoptados en la línea familiar de su Hijo. Esto quiere decir que somos verdaderos reyes espirituales, quienes han recibido los derechos de la herencia. Por eso, observe lo que este versículo dice. ¡Dice que *ella* debe ser llamada el Señor, justicia nuestra! ¡Está hablando de la Iglesia! Dios nos recibe completamente y nos ve como sus hijos, de la misma manera como ve a Jesús. Jesús fue el *primogénito* entre muchos hermanos. ¡Nosotros nacimos por su semilla! *Porque a los que antes conoció, también los predestinó para que fuesen hechos conformes a la imagen de su hijo, para que él sea el primogénito entre muchos hermanos* (Romanos 8:29).

LA GENERACIÓN ROMPEDORA DE BARRERAS

Somos la siguiente generación de rompedores de barreras cuyas maldiciones de ilegitimidad y de la vida han sido rotas. Esto es por y a través de la muerte y resurrección del Rey supremo, el Aplastador de serpientes y Rompedor de barreras, Jesucristo. Ahora somos la generación de reyes espirituales que componen la casa de Fares, su Iglesia y su Reino. Hoy, Dios continúa construyendo una familia espiritual. Él esperó diez generaciones para establecer su Reino a través de David y después esperó una vez más para levantar otro Rey generaciones después, que es el Rey supremo, Jesús nuestro Señor.

¡Pero no terminó ahí¡ Él también esperó que su Rey rompiera toda maldición y estableciera una nueva generación de reyes por medio de un linaje celestial conectado con el Padre Celestial! ¡Me emociona saber que somos esa generación de rompedores de barreras! Dios sabía que en el mundo naceríamos siendo ilegítimos espiritualmente y a través de la salvación, hemos recibido el espíritu de adopción y ya no somos ilegítimos, sino reyes. Tal como el Señor escogió a David, Dios también ha escogido a su Iglesia, esta generación espiritual para reinar con Él. Somos las generaciones de reyes, sacerdotes y rompedores de barreras reales.

Mas vosotros sois linaje escogido, real sacerdocio, nación santa, pueblo adquirido por Dios, para que anunciéis las virtudes de aquel que os llamó de las tinieblas a su luz admirable (1 Pedro 2:9).

Esta generación sería la generación de reyes espirituales y del cumplimiento de Génesis 3:15, como la simiente corporal que aplastaría al enemigo. ¡Hemos pasado de ser reyes ilegítimos a reyes legítimos! Dios ha levantado una nueva generación de rompedores de barreras quienes son el Cuerpo de Cristo, su Iglesia. Examinemos esta nueva generación de rompedores de barreras.

De manera que todas las generaciones desde Abraham hasta David son catorce; desde David hasta la deportación a Babilonia, catorce; y desde la deportación a Babilonia hasta Cristo, catorce (Mateo 1:17).

Vemos un misterio cuando contamos las generaciones en este versículo. Éstas equivalen a 42 generaciones cuando las suma. Sin embargo, cuando se cuentan generaciones individuales en Mateo 1:1–16, solamente se enumeran 41 generaciones.

Parecería un error. Una generación quedó fuera, pero, ¿cuál es esta generación faltante? No, no es un error, sino una generación rompedora de barreras en la casa de Fares. Observe el versículo anterior, Mateo 1:16, que nos da una clave del número faltante. Dice: *"Y Jacob engendró a José, marido de María, de la cual nació Jesús, llamado el Cristo"*. Quiero enfatizar esta frase *"llamado el Cristo"*. Esto hace referencia a nosotros, el cuerpo físico de Cristo. Esto se debe a que somos uno con Cristo, quien es la cabeza de la Iglesia y nosotros somos su Cuerpo, llamados el Cuerpo de Cristo. Cristo es la 42ª generación que Mateo 1:17 incluyó. No somos el Cristo, es decir su deidad, somos la generación de la Iglesia de Cristo, convirtiéndonos en la 42ª generación de rompedores de barreras.

¡Quizá hayamos nacido siendo ilegítimos como Fares, espiritualmente hablando, pero nuestro nacimiento espiritual en Cristo es también como el de Fares en que fue un momento de avance! Cuando nacemos de nuevo nos convertimos individual y colectivamente en parte de la 42ª generación de avance. Jesús lo estableció cuando estableció su casa espiritual de Fares, la Iglesia.

El diablo quiere hacernos pensar que nosotros y la Iglesia no somos legítimos. Él lo hace llevándonos a pensar que no tenemos la capacidad de producir nada legítimo, especialmente cuando no parece que estamos avanzando o teniendo éxito. Debemos recordar que tenemos al Rompedor, el Señor Jesús viviendo en nuestro interior cuando nacemos de nuevo. El Reino del Señor es más grande que cualquier otro reino, incluso cuando el mundo puede rechazar su Reino o hacernos sentir que no importamos. ¡Nunca debemos olvidar que somos legítimos, la Iglesia es legítima y somos la nación profética que traerá su poder!

Somos la casa espiritual de Fares, una generación de promesa que terminará la obra del Señor y la generación aparentemente faltante en Mateo 1:17. Somos esta generación de rompedores de barreras, aplastadores colectivos de la serpiente, la generación de rompedores que cumple colectivamente Génesis 3:15 en Jesucristo.

La Iglesia es el número faltante que suma 42. El número 42 es especialmente importante en las Escrituras. Observe algunos ejemplos de ello, aplicados a la generación rompedora de barreas de la Iglesia de avance de Dios.

El ministerio de Jesús duró tres años y medio, lo cual suma 42 meses. Esto es profético para nosotros, la generación rompedora de barreras que necesita hacer lo que Él hizo en un tiempo de tres años y medio. Tres años y medio habla de una temporada en la que deberíamos poder cumplir algunas tareas de manera realista. Él nos mostró nuestra responsabilidad y el perfil de nuestro trabajo, y predijo la manera en la que sería esta generación de rompedores de barreras. Ellos caminarían, hablarían y actuarían como Él, enseñando, predicando el Reino, sanando a los enfermos y echando fuera demonios.

Israel hizo 41 escalas en el desierto. Fue hasta que cruzaron el río Jordán hacia la Tierra Prometida cuando alcanzaron su herencia. Cuando entramos en nuestra herencia real en Cristo, alcanzamos nuestra herencia espiritual como lo hizo Israel cuando cruzó el río Jordán. Esto habla de nuestra responsabilidad para romper toda barrera, de la misma manera en que cada una de las escalas de Israel tuvo un significado profético que representó una barrera que tuvieron que vencer si es que deseaban alcanzar su herencia. Hemos recibido la oportunidad de levantarnos y tomar lo que Dios nos ha dado con toda justicia. Fue el espíritu diferente de Josué y Caleb. Por su espíritu de avance, ellos fueron los únicos de la generación anterior a quienes se les permitió entrar. Es por ello que nosotros somos la generación profética de rompedores de barreras a quienes Dios nos ha impartido y dado el espíritu de avance y ahora somos parte de su linaje celestial de rompedores de barreras en Cristo. Debemos levantarnos y entrar en nuestra promesa hoy.

Hubo 42 ayudantes para reconstruir los muros de Jerusalén en los días de Nehemías. Esto también habla proféticamente de nosotros, la generación de rompedores de barreras, quienes deben levantarse y traer restauración al Reino de Dios en nuestras ciudades. Espiritualmente hablando, necesitamos reconstruir los muros de nuestras ciudades.

El diablo teme que esta casa espiritual de Fares esté compuesta de creyentes de avance. Esto debe hacernos gritar al ver que no somos una generación excluida. En lugar de eso, somos la generación sin mencionar en Mateo 1:17, porque somos la generación que vendrá. Se nos ha dado un cetro para reinar, con el que reinamos con Él. Esto muestra que Dios nos aprueba a usted y a mí, su Iglesia, y que ahora somos reyes a quienes se les ha dado la herencia del Reino en esta generación. El poder para reinar hacia el avance nos ha sido dado. ¡Somos esta generación de rompedores de barreras en Cristo!

Es importante recordarlo porque Dios prometió una semilla que saldría de una mujer quien aplastaría la cabeza de la serpiente. A lo largo de este libro hemos visto el plan de Dios con respecto a ello. ¡Dios lo llevó a cabo a través de la semilla física de Cristo, que son los aplastadores de serpientes en la actualidad! Tenemos el mismo espíritu de avance que el linaje de rompedores de barreras, dado por Jesucristo y a nosotros más tarde. Estamos llamados a ser esta 42ª generación de rompedores, que nacieron espiritualmente como ilegítimos, pero hechos legítimos por la sangre de Jesús. ¡Ahora nos hemos convertido en la casa espiritual de Fares, la casa de avance que el diablo teme que continúe aplastando su cabeza, al aplastar su autoridad y planes malvados!

Los doce rompedores de barreras

Dios estaba llevando a cabo su plan de destruir las obras de las tinieblas y comprar a la raza humana caída a través de la sangre de Jesús. Él continuó protegiendo su semilla prometida desde el momento en que le prometió al enemigo que enviaría su promesa. El diablo, en todo el proceso pensó que tenía éxito y no contó con el hecho de que Dios estaba levantando una casa espiritual de Fares. El diablo solamente llevaría la delantera con el nacimiento aparentemente ilegítimo de Fares, pero subestimó el poder de su nacimiento de avance. Él nunca pensó que Dios idearía un plan que llevaría a la generación rompedora de barreras en Cristo, que continuaría aplastando su cabeza por el resto del tiempo.

Una de las maneras en que Dios continuó este proceso fue a través de lo que podemos aprender de los rompedores de barreras que vinieron de Jesucristo. Estos fueron los primeros 12 apóstoles. Ellos fueron los primeros que establecieron las bases y el Reino de Dios. Ellos fueron la primera semilla de esta generación rompedora de barreras que cumpliría las 42 generaciones.

Cuando Jesús los comisionó, Él los envió de dos en dos, lo cual habla de un acuerdo. En otras palabras, ellos iban acorde al plan de Dios de establecer su generación de rompedores de barreras.

> *Otra vez os digo, que si dos de vosotros se pusieren de acuerdo en la tierra acerca de cualquiera cosa que pidieren, les será hecho*

por mi Padre que está en los cielos (Mateo 18:19).

Jesús estaba levantando la primera semilla y los fundamentos de esta generación rompedora de barreras de reyes espirituales con los primeros 12 apóstoles. Él estaba preparando a estos 12 para ser el fundamento y los pilares de su Iglesia y Reino. Una vez más podemos ver esto más a profundidad al examinar el significado de los nombres. Los nombres de los apóstoles pueden enseñarnos mucho acerca de lo que vinieron a establecer e impartirnos para el futuro.

Desde luego, ellos no comenzaron con un espíritu rompedor de barreras, pero el Señor los hizo desarrollarse e incluso cambió sus nombres para ayudarlos a entrar en una nueva identidad.

Primero tuvieron que estar dispuestos a asumir esa nueva identidad. Antes de revisar el significado clave de los nombres de los 12 apóstoles, veamos a Jabes, quien estuvo dispuesto a asumir una nueva identidad distinta de aquella con la que nació. La Biblia dice que nació en dolor y por esto recibió el nombre de Jabes. Su nombre en hebreo es *Yabes*, que significa "ser afligido". Es por ello que él hizo a Dios la oración que conocemos. Primera de Crónicas 4:9–10, donde se encuentra esta famosa oración, también nos proporciona una mirada a su vida. Dice:

> *Y Jabes fue más ilustre que sus hermanos, al cual su madre llamó Jabes, diciendo: Por cuanto lo di a luz en dolor. E invocó Jabes al Dios de Israel, diciendo: ¡Oh, si me dieras bendición, y ensancharas mi territorio, y si tu mano estuviera conmigo, y me libraras del*

mal, para que no me dañe! Y le otorgó Dios lo
que pidió.

Él oraba a Dios sin importar cuál fuera su nombre, porque deseaba avanzar a través de sus propias barreras mentales
que vinieron desde su nacimiento. Podemos saberlo porque
pedía la bendición y el aumento de Dios aunque su nombre
estaba rodeado de dolor.

Lo mismo sucedió con Fares y sucede con nosotros igualmente, aunque nuestro nombre o apodo pueda ser todo
menos bueno. Posiblemente nacimos en algo que no es bueno
u honorable, pero no debemos desanimarnos o rendirnos,
porque podemos orar a Dios y convertirnos en lo que somos
realmente en Cristo. Podemos experimentar avance para
traer algo grandioso a nuestra vida y a la vida de otros. Necesitamos recordar que aunque hayamos recibido un nombre
en el nacimiento o nos puedan llamar muchos nombres, a
los ojos de Dios somos "el Señor, justicia nuestra". Nuestro
nombre ha sido cambiado, porque hemos recibido una nueva
naturaleza.

Lo mismo sucedió con los 12 apóstoles. Ellos tuvieron que
estar dispuestos a aceptar una nueva identidad. Puedo ver
cómo Jesús los formó en pares creativamente para que sus
nombres no solamente mostraran esa identidad, sino también produjeran rompedores de barreras.

Observe los nombres de aquellos a quienes escogió Jesús
para ser la primera semilla de esta generación de rompedores
de barreras. Mateo 10:1-4 dice:

> *Entonces llamando a sus doce discípulos, les*
> *dio autoridad sobre los espíritus inmundos,*

*para que los echasen fuera, y para sanar toda
enfermedad y toda dolencia. Los nombres de
los doce apóstoles son estos: primero Simón,
llamado **Pedro**, y **Andrés** su hermano; **Jacobo**
hijo de Zebedeo, y **Juan** su hermano; **Felipe**,
Bartolomé, **Tomás**, **Mateo** el publicano,
Jacobo hijo de Alfeo, Lebeo, por sobrenombre
Tadeo, Simón el cananista, y **Judas Iscariote**,
el que también le entregó.*

• *Pedro (Simón)* — Jesús lo llamó Pedro en griego, que es *petros*, y quiere decir "piedra". Su
nombre original era Simón bar Jonás. Él representa la revelación del Reino que le fue dada
(ver Mateo 16). Él trabajó con Andrés.

• *Andrés (Andreas)* — Él es hermano de Pedro y
ex discípulo de Juan el Bautista. Su nombre significa "muy varonil". Andrés (o Andreas) es la
palabra griega para *hombre*, es decir, *anthropos*.

• *Jacobo* — Él les hermano de Juan. Su nombre
en griego es *Iakobos* en realidad, o en hebreo es
Yaakob, que significa "sujetador de calcañares o
suplantador". El significado del nombre de Jacobo en el Nuevo Testamento es el mismo que
el de Jacob en el Antiguo Testamento. Él laboró
con Juan.

• *Juan* — El hermano de Jacobo y uno de los
"hijos del trueno". Su nombre en griego significa "Jehová misericordioso". De manera que
Juan es el misericordioso. Eso quiere decir que
Dios es misericordioso.

- *Felipe* — Después tenemos a Felipe. Felipe o *philippos* en griego significa "amante de los caballos". Él también fue un evangelista (ver Hechos 21:8). Él estaba conectado con Bartolomé.

- *Bartolomé (Natanael)* — Su nombre real es Natanael, pero también se le llama Bartolomé. Solamente el libro de Juan lo registra como Natanael, que significa "regalo de Dios".

- *Mateo* — Mateo es una romanización griega de un nombre hebreo. El nombre real en hebreo para Mateo es Mattatías. Mateo significa "el regalo de Dios". Él laboró con Tomás.

- *Tomás (Dídimo)* — El nombre Tomás viene de la palabra aramea *teoma*, que significa "gemelos".

- *Jacobo* — Una vez más, Jacobo es el mismo luchador. Y ministró con Simón.

- *Simón* — Simón es llamado el cananista. Simón significa "un carrizo como grama". Es algo muy maleable y cambiante. Jesús no cambió a este discípulo llamado Simón como lo hizo con Pedro.

- *Tadeo* — Él también es llamado Judas. Otro nombre para Judas es Judá. Judá significa "alabanza". Judas es uno de los medios hermanos de Jesucristo. Judá, la alabanza de los judíos o el alabado. Él trabajó con Judas.

- *Judas (Iscariote)* — Él es quien traicionó a Jesús.

Podemos ver a través de estos nombres y la manera en que Jesús los envió de dos en dos, lo que necesitamos para ser rompedores de barreras. También son claves proféticas de cómo nosotros, la Iglesia, somos la casa espiritual de Fares y de lo que necesitamos hacer para obtener un avance en nuestras iglesias y ciudad. A continuación, esto es lo que las parejas produjeron:

1. *Pedro* y su hermano *Andrés*. Nosotros veremos un avance al buscar primeramente el Reino y su justicia, después pidiendo revelación del reino, junto con madurez. Esto revela que el Reino y la madurez son esenciales para el avance.

2. *Jacobo* hijo de Zebedeo y su hermano *Juan*. Esta es la combinación de luchar con Dios en oración y contra el diablo, que trae un avance y la importancia de la gracia para lograr un avance. ¡Podemos aprender que la oración de avance y la gracia deben ir juntas para obtener victoria!

3. *Felipe* y *Bartolomé*. Podemos ver que Felipe era un evangelista. Necesitamos aprender que una vez que entramos en el Reino y la madurez, llevamos una vida de oración y gracia, y evangelizamos a otros, hablándoles del evangelio de Jesucristo. Se trata de una vida de testificar, ¡y ser un testigo junto con los dones de Dios, nos coloca en posición para el avance!

4. *Tomás* y *Mateo* el publicano. Necesitamos una doble porción de la unción de Dios y sus dones,

para avanzar y alcanzar al mundo. La doble porción del nombre de Tomás habla de nuestra herencia en Cristo y la manera en que va unida con los dones de Dios. ¡Con ello abriremos camino e incluso llamaremos la atención del mundo!

5. *Jacobo* hijo de Alfeo y *Tadeo*. Una vez más esta es una oración de avance, y debemos recordar que Jacobo es un nombre que proviene del hebreo Jacob, que significa "sujetador de calcañares". Tadeo es otro nombre para Judas, de donde obtenemos el nombre hebreo Judá. ¡Entonces estamos en posición para obtener la herencia que nos corresponde, no como hijos ilegítimos sino legítimos y alabar a Dios de camino a nuestro avance!

6. *Simón* el zelote y *Judas* Iscariote, quien lo traicionó. Esta es la importancia de ser enseñable y cambiante como el nombre de Simón y alabar a Dios de acuerdo con el nombre de Judas del hebreo, Judá. ¡Nos revela que una vida de celo y búsqueda de Dios junto con alabanza nos llevará hacia el avance!

A través de esto podemos ver las diferentes cosas que necesitamos incluir en nuestro avance. Resulta igualmente interesante que al final cambiaron los pares, por ejemplo, Tomás comenzó con Mateo (Mateo 10:2), pero terminó con Felipe (Hechos 1:13). La Biblia no dice por qué, pero el Espíritu Santo siempre tiene una razón al cambiar la manera en la que trabajaban los pares. Creo que tiene que ver con nuestro tiempo espiritual de crecimiento.

Hubo otra manera en que Jesús organizó a los discípulos que revela el fundamento de estos rompedores de barreras. Él establece a Pedro, Jacobo y Juan como los tres discípulos a quienes prepara para mayores responsabilidades y experiencias con él. Es de igual manera interesante observar que David tenía 30 hombres poderosos, de los cuales tres eran jefes del ejército. Ellos eran también rompedores de barreras, porque irrumpieron en el ejército de los filisteos. Ellos sacaron agua del pozo de Belén junto a la puerta, la tomaron y se la llevaron a David (2 Samuel 23:16). Los nombres de estos hombres eran Adino, Eleazar y Sama. Esto se debe a que la Biblia revela que hay poder en un cordón de tres dobleces que no puede romperse fácilmente (Eclesiastés 4:12).

A menudo Jesús iba con Pedro, Santiago y Juan aparte. Este cordón de tres dobleces entre Pedro, Santiago y Juan revela otro patrón para avanzar que necesitamos en esta generación y en las casas espirituales de Fares. Necesitamos el Reino, el poder, la revelación y las llaves. Esto es lo que significa Pedro. Él fue a quien le fueron dadas las llaves de la revelación del Reino.

Asimismo, necesitamos el espíritu de avance, luchar en el espíritu para hacer avanzar el Reino. Eso representa Jacobo. Finalmente, llevamos a cabo esto por la gracia de Dios, esto es Juan. ¡En otras palabras, Pedro, Santiago y Juan son un patrón profético del Reino, el avance y la gracia!

Observe que hubo algunos eventos que solamente se les permitió atestiguar o participar a estos tres. Necesitamos examinar la razón, para poder ver qué tenían, que les permitió la entrada a cosas más profundas del espíritu.

- *La resucitación de la hija de Jairo.* Jesús solamente les permitió entrar a estos tres apóstoles cuando levantó a la hija de Jairo de la muerte (Marcos 5:37). Esto representa avivamiento, lo cual significa vivir de nuevo, levantar a la Iglesia como a la hija de este hombre. Necesitamos estabilidad, el Reino (Pedro), luchar con Dios y contra el diablo (Jacobo) a través de la gracia de Dios (Juan).

- *La transfiguración de Jesús.* Él se los llevó cuando les mostró su gloria al ser transfigurado delante de ellos (Marcos 9:1). Esto muestra cómo traemos la gloria de Dios a nuestra vida y a nuestras iglesias. Necesitamos al Reino (Pedro), la lucha por el avance en oración (Santiago) y la gracia (Juan). Esto sucedió igualmente cuando Jesús les enseñó cómo orar, en Lucas 11 y en Mateo 6 en el Padrenuestro. Fue otra progresión para que su gloria viniera cuando Jesús oró con respecto al Reino, el poder y la gloria. Él dijo: *"Porque tuyo es el reino, y el poder, y la gloria, por todos los siglos. Amén"* (Mateo 6:13). Observe la progresión del Reino: primero el poder para abrir brecha y después la gloria que comienza a manifestarse.

- *Con respecto a asuntos privados y los últimos tiempos.* Él les habló en privado con respecto a los sucesos de los últimos tiempos, junto con Andrés también (Marcos 13:3). Esto nos muestra que nosotros también podemos recibir los secretos y la revelación del Señor. Cuando aplicamos el Reino (Pedro), la oración de avance (Jacobo) y nos mantenemos en la gracia (Juan), llegaremos a la madurez (Andrés).

- *Una oración más profunda y compromiso para orar.* Él los apartó de los demás discípulos en el huerto para orar (Mateo 14:33). Esto nos muestra cómo mantenernos comprometidos en oración y entrar en una oración más profunda que nos lleve al avance. Necesitamos la revelación del Reino y la estabilidad (Pedro), lo cual nos lleva al avance a través de la lucha con Dios y contra el diablo (Jacobo). ¡Cuando llevamos a cabo esto, liberamos y tenemos gracia (Juan) para traer los planes de Dios a nuestra vida para avanzar!

- *Al soltar el poder del Espíritu Santo para ser refrescado y ser testimonio.* Ellos tres fueron mencionados primero con los 120 en el aposento alto, junto con Andrés. Hechos 1:13 dice: *"Y entrados, subieron al aposento alto, donde moraban Pedro y Jacobo, Juan, Andrés, Felipe, Tomás, Bartolomé, Mateo, Jacobo hijo de Alfeo, Simón el Zelote y Judas hermano de Jacobo".* ¡Esto revela la importancia de cómo crear un avance que libere el poder del Espíritu Santo para nosotros, hacia nosotros y a través de nosotros! Necesitamos primeramente el Reino (Pedro). Continuar orando y luchando con Dios y contra el diablo (Jacobo). Esto libera la gracia de Dios disponible (Juan) para madurar (Andrés); lo cual nos coloca para evangelizar

(Felipe) en una verdadera doble porción de poder (Tomás). Llevamos a cabo esto a través de los regalos de Dios (Bartolomé, Mateo). Manteniéndonos en oración y tomando la herencia (Jacobo) con celo y siendo flexibles, enseñables (Simón) y al vivir una vida de alabanza (Judas) para Dios. ¡El resultado será ayudar a liberar el poder del Espíritu Santo como lo hicieron los rompedores de barreras!

No es una coincidencia que sus nombres estén conectados, proféticamente hablando, y tampoco lo es que Jesús pareciera desarrollarlos aparte de los demás discípulos. Esta fue la base de lo que Jesús establecía con estos tres, lo cual sería vital más tarde, con respecto a la construcción de su Reino. Ellos se estaban convirtiendo en pilares para esta nueva generación de rompedores de barreras llamados la Iglesia. Incluso Pablo se refirió a ellos como columnas para él y para la Iglesia. *Y reconociendo la gracia que me había sido dada, Jacobo, Cefas y Juan, que eran considerados como columnas* (Gálatas 2:9).

A partir del patrón que Jesús estableció podemos aprender cómo lograr un avance. Dios está buscando a aquellos que caminarán en unidad y de acuerdo con su Iglesia y cumplirán su deseo de construir su Reino y alcanzar al mundo para Jesús. Es por ello que Jesús estableció la base de los tres y agrupó a sus discípulos en pares. Nosotros podemos elegir, ya sea obedecer a nuestra carne y ser como Zara, quien no fue elegido para ser la generación que traería al Rompedor de barreras, o podemos escoger ser como Fares y abrir brecha. Habrá aquellos quienes escojan avanzar y aquellos que no lo harán.

Por esto es que estos nombres al ponerlos en pares nos revelan las herramientas que necesitamos para ser creyentes rompedores de barreras e iglesias de avance.

LAS CARACTERÍSTICAS DE LA CASA DE FARES

Tenemos el espíritu y el equipo de lo que necesitamos para convertirnos en rompedores de barreras en esta generación. A lo largo de este libro hemos leído acerca de las características de un rompedor de barreras y de lo que Dios busca en uno. Podemos ver que Dios desea que su Iglesia se convierta en una casa espiritual de Fares, local y universalmente, con un espíritu rompedor de barreras.

Existen algunos rasgos que nos ayudan a identificar las iglesias que son casas de Fares o de avance. El espíritu de avance es impartido a través de esto y soltado para traer victoria para el pueblo de Dios y para vencer al enemigo.

Nos convertimos en iglesias y creyentes que componen "casas espirituales de Fares". El libro de Rut nos habla de una palabra hablada a Booz en el tiempo en que se casó con Rut, que nos habla de que su casa se convirtió en casa de Fares. ¡A partir de esta afirmación profética acerca de Fares sabemos que toda su casa había de convertirse en la "casa de uno que abre caminos"! Como leímos anteriormente, aunque Fares haya nacido ilegítimo, su nacimiento fue un avance, y su vida se convirtió en una vida de destino que llevó a que las futuras generaciones fueran bendecidas. Esta no fue solamente una imagen profética de iglesias rompedoras de barreras, sino de la iglesia futura que nacería del Mesías venidero, Jesucristo.

Es importante que cada iglesia y creyente que ha sido adoptado en la familia celestial de Dios, posean el espíritu rompedor de barreras al nacer de nuevo. Ellos deben tener estas características de una "casa espiritual de Fares". Dios necesita este tipo de iglesias y creyentes rompedores de barreras quienes componen esta poderosa generación profética en Cristo. *Y sea tu casa como la casa de Fares, el que Tamar dio a luz a Judá, por la descendencia que de esa joven te dé Jehová* (Rut 4:12).

Sus características son:

- *Oración fuerte* — Una casa de oración, y no solo unos cuantos que oran (Lucas 19:46).

- *¡Lenguas fuertes de avance!* — Saben cómo abrir la fuente de su interior orando en lenguas (vea Génesis 7, Juan 7, Hechos 4).

- *Fuerte alabanza y adoración* — Se conectan en la dimensión y el reino de lo alto (se levantan para irrumpir en las tinieblas espirituales y abren los cielos) (vea Salmos 149, Isaías 42, Isaías 30, Lucas 19).

- *Dan y sirven con fuerza* — Ellos están comprometidos con una vida de dar y servir, utilizándolos como semillas y armas para generar avance (vea Hechos 4).

- *Evangelismo fuerte* — Ellos no solamente entregan literatura evangelizadora, sino que enseñan, predican el evangelio y evangelizan echando fuera demonios y sanando enfermos, ¡demostrando el Reino y su poder! (vea Marcos 16, Lucas 10).

- *Fuerte compromiso y servicio de la visión*
  — Ellos son fieles y están profundamente comprometidos con la iglesia local y el Reino de Dios, porque comprenden el poder de estar de acuerdo. Una casa espiritual que libera el vino nuevo del Espíritu Santo (vea Hechos 1,2,4,5; Isaías 65:8).

- *Enfrentamiento fuerte contra el enemigo*
  — Ellos comprenden la importancia de la intensidad espiritual y de enfrentar a su enemigo espiritual. ¡Son fuertes en oración, lo cual es un ariete que abre brecha en las barreras y la resistencia del enemigo! (vea Ezequiel 4; 2 Reyes 13).

¡Cuando incluimos esto en nuestra vida y nuestras iglesias igualmente, nos convertimos en una casa espiritual de Fares que se abre brecha! ¡No solamente existiremos sino que avanzaremos en la vida! No permitiremos que el diablo nos engañe para hacernos pensar que no somos legítimos. Recuerde que nuestro nacimiento espiritual es un momento de avance como el de Fares. ¡Nos hemos hecho parte de algo grandioso! Somos adoptados para una generación escogida, un sacerdocio real y nacemos de nuevo para ser rompedores de barreras quienes continuarán aplastando la cabeza del diablo. ¡Levántese, rompedor de barreras! ¡Tome lo que le pertenece como rey! Le garantizo que experimentará un avance tras otro. ¡Este es el momento de tener éxito!

ACERCA DE
HANK KUNNEMAN

Hank Kunneman es el pastor principal de la Lord of Hosts Church, en Omaha, Nebraska, y el fundador de One Voice Ministries. Viaja bastante para predicar en conferencias e iglesias por todo Estados Unidos y el extranjero. Kunneman predica verdades bíblicas que instan al Cuerpo de Cristo, conforme equipa al creyente a obrar en el ministerio. Además, Hank ministra con su esposa, Brenda, y ha escrito y creado varios libros para niños y personajes caricaturescos. Es el autor de *No deje de insistirle a Dios* y *El revelador de secretos*.

PASTORES HANK Y BRENDA KUNNEMAN
IGLESIA LORD OF HOSTS Y ONE VOICE MINISTRIES
5351 S. 139TH PLAZA | OMAHA, NEBRASKA 68137
TELÉFONO: (402) 896-6692 | FAX: (402) 894-9068
OVM.ORG | LOHCHURCH.ORG

OTROS LIBROS de HANK KUNNEMAN

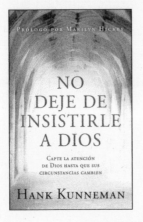

No deje de insistirle a Dios
El revelador de secretos

OTROS LIBROS de BRENDA KUNNEMAN

Cuando su vida está hecha pedazos
Lo sobrenatural en usted